# A PSICOLOGIA DA CONFIANÇA

Blucher

Ken J. Rotenberg

# A PSICOLOGIA DA CONFIANÇA

Tradução
Sonia Augusto

*Título original: The psychology of trust*
*A psicologia da confiança*


*Publisher* Edgard Blücher
*Editor* Eduardo Blücher
*Coordenação editorial* Jonatas Eliakim
*Produção editorial* Luana Negraes
*Preparação de texto* Bárbara Waida
*Diagramação* Negrito Produção Editorial
*Revisão de texto* MPMB
*Capa* Leandro Cunha

**Blucher**

Rua Pedroso Alvarenga, 1245, 4º andar
04531-934 – São Paulo – SP – Brasil
Tel.: 55 11 3078-5366
contato@blucher.com.br
www.blucher.com.br

Segundo o Novo Acordo Ortográfico, conforme 5. ed. do *Vocabulário Ortográfico da Língua Portuguesa*, Academia Brasileira de Letras, março de 2009.



Dados Internacionais de Catalogação na Publicação (CIP)
Angélica Ilacqua CRB-8/7057

Rotenberg, Ken J.
A psicologia da confiança / Ken J. Rotenberg ; tradução de Sonia Augusto. – São Paulo : Blucher, 2022.
128 p. (A Psicologia de Tudo)

Bibliografia
ISBN 978-65-5506-380-6
Título original: The psychology of trust

1. Psicologia. 2. Confiança. I. Título. II. Augusto, Sonia.

22-5440 CDD 150

Índice para catálogo sistemático:
1. Psicologia

# CONTEÚDO

# AGRADECIMENTOS

Gostaria de agradecer minha esposa, Carole, pelo maravilhoso apoio que me deu enquanto eu escrevia este livro. Este livro é dedicado a ela.

Este livro também é dedicado a meu filho (David), minhas enteadas (Claire e Gemma) e meus netos por afinidade (Amber, Lucas Jack, Jessica e Ruby).

O livro também é dedicado à dra. Lucy Betts, que tem sido uma colega estimada em nossas pesquisas e nossos textos sobre a confiança. A competência e a dedicação dela são muito apreciadas. Por fim, quero expressar minha gratidão pelo apoio ao meu trabalho sobre confiança que recebi da colega e professora Pamela Qualter.

# 1

# ENTENDENDO A CONFIANÇA: UMA CRISE OU TUDO?

Autores de muitas disciplinas e de todo o mundo afirmam que a confiança é a pedra fundamental da sociedade e essencial à sua sobrevivência. Essa visão tem sido defendida nas disciplinas de filosofia (O'Hara, 2004), ciência política (Uslander, 2002), sociologia (Misztal, 1996) e psicologia (Rotenberg, 2010; Rotter, 1980). A confiança entre indivíduos de diferentes culturas ("confiança entre culturas") tem sido vista como fundamental para a sobrevivência das sociedades multiculturais (Misztal, 1996; Uslander, 2002). A importância da confiança destaca o perigo criado pela crescente falta de confiança na sociedade contemporânea.

Um coro de escritores tem expressado a noção de que a confiança está em crise na sociedade contemporânea. Orientado pelos resultados baseados no seu *Trust Barometer* (Barômetro da confiança), Richard Edelman (2015) afirmou: "Pela primeira vez desde a Grande Recessão, metade dos países que pesquisamos caiu na categoria 'desconfiado'". Ele argumentou que isso se devia ao "fracasso das principais instituições em fornecer respostas ou liderança na reação a eventos como a crise de refugiados, os vazamentos de dados, a queda da bolsa de valores da China, o ebola no oeste da África, a invasão da Ucrânia, o escândalo do suborno na Fifa, a manipulação de dados da Volkswagen, a corrupção massiva na Petrobras e a manipulação da taxa de câmbio pelos maiores bancos do mundo". Segundo a imprensa, a Grã-Bretanha "está sofrendo uma enorme perda de fé em suas instituições: a confiança em todos os políticos atingiu seu ponto mais baixo" (Slack, 2016). Além disso, pesquisas relatam que a confiança dos estadunidenses diminuiu durante a última década (Zizumbo-Colunga, Zechmeister, & Seligso, 2010). A pesquisa acadêmica não escapou à "crise" de confiança e há relatos de que numerosos resultados apresentados em periódicos são inexatos e tendenciosos (ver Walia, 2015).

A maior parte do apoio à ideia de confiança em crise é derivada de enquetes em fóruns populares que tipicamente avaliam visões gerais. Os resultados de enquetes são questionáveis, mas têm a função dupla de expressar preocupação pública com a confiança (isto é, ansiedade em relação a ela) e moldar a opinião pública em relação à confiança. Os resultados das enquetes transmitem uma mensagem simples a um público atento: *A confiança está em crise e em declínio!* A ideia de que o mundo se tornou mais corrupto e desmerecedor de confiança está implícita nos relatórios de enquetes. É muito difícil confirmar ou negar essa conclusão pela falta de evidências. É justo dizer que a corrupção e a falta de confiabilidade têm estado presentes durante todo o curso da história humana (Maquiavel atestou isso no final dos anos 1440). O que está claro é que o acesso a informações que revelam a falta de confiabilidade das pessoas é maior do que em qualquer momento da história humana. Com a tecnologia e as redes sociais, cada ação é transmitida a milhões de pessoas – em um piscar de olhos – e conservada para escrutínio público. Essa mudança resultou em uma oportunidade sem igual para avaliação crítica do comportamento das pessoas, detecção de não confiabilidade e expressão de falta de confiança nos outros – especialmente em relação aos indivíduos expostos à opinião pública.

A ênfase em "crises" de confiança infelizmente desvia nossa atenção da ideia de que a confiança é essencial para a interação social cotidiana e para a formação e a manutenção de relacionamentos interpessoais (ver Rotenberg, 2010). Do meu ponto de vista, a confiança é análoga à matéria escura no universo físico. A matéria escura é uma substância extensa, mas de difícil detecção, que liga os planetas e o material terrestre. Do mesmo modo, a confiança é uma força prevalente, mas muitas vezes silenciosa, que conecta as pessoas e garante os relacionamentos e o funcionamento sociais na sociedade moderna. Estou certo de que sem isso nosso "universo" social não existiria.

O parágrafo anterior pode parecer uma afirmação ousada, mas a consideração cuidadosa mostra que mesmo os atos sociais mais simples envolvem confiança. Por exemplo, fui almoçar no prédio da universidade outro dia. Comprei comida de rua estadunidense e uma garrafa de refrigerante. Não havia bandejas, então coloquei minha bebida no balcão enquanto levava minha comida para uma mesa do outro lado. Quando voltei ao balcão, descobri que minha bebida tinha sido levada. Talvez um dos novos estudantes sedentos que estavam por perto a tenha pegado; nunca saberemos. Nessa situação, eu tinha confiado que as outras pessoas, por crenças e ação, não roubassem minha bebida. Infelizmente, isso foi violado. No entanto, saí sem minha bebida depois de pagar por ela no mesmo prédio no dia seguinte. O estudante que estava perto de mim na fila me avisou que eu estava esquecendo a bebida, e eu a peguei. Minha confiança foi renovada – embora o problema de garantir que eu pegue minha bebida provavelmente continue. O importante aqui é que existem milhões de atos sociais cotidianos que envolvem confiança. Quando a confiança for adequadamente conceitualizada e nós deixarmos de lado essa visão de crise, então entenderemos a prevalência avassaladora da confiança no mundo social. Não é necessário afirmar que a confiança está em crise para considerar que vale a pena investigá-la – embora a visão de crise possa incentivar essa atividade. Vamos começar do princípio, perguntando o que é a confiança. As definições do dicionário são um começo.

## DEFINIÇÕES POPULARES DE CONFIANÇA

O uso da palavra "trust"[1] na fala comum data do século XIII, em inglês medieval. Ela é considerada como provavelmente de origem escandinava, similar a *traust* (confiança) em norueguês antigo; similar a *trēowe* (fiel) em

1 Por se tratar de uma obra originalmente de língua inglesa, a etimologia descrita é a da palavra *trust*. O termo confiança, equivalente em sentido, tem uma etimologia diferente [N.E.].

inglês antigo (dicionário Merriam-Webster). A palavra vem de muito antes, no entanto, quando considerada no contexto da religião. A confiança em Deus é encontrada no antigo e no novo testamento (Benner, 2004), bem como no Alcorão. Nos tempos atuais, o uso religioso da confiança é demonstrado na frase "In God We Trust" (Confiamos em Deus), que é o lema oficial dos Estados Unidos e aparece em muitas das notas de dólares (ver o Capítulo 11).

Além dos *trusts* encontrados em bancos e financiadoras, a palavra "trust" é definida nos dicionários de língua inglesa como uma "crença de que alguém ou algo é confiável, bom, efetivo etc." (dicionário Merriam-Webster) e "acreditar que alguém é bom e honesto e não vai prejudicar você, ou que algo é seguro e confiável" (dicionário Cambridge). Este livro vai focar na confiança em *alguém* como parte do domínio da confiança interpessoal. Além disso, a pesquisa relativa à autoconfiança foi excluída por razões práticas. O termo "interpessoal" foi omitido no texto para concisão.

Elementos de definições populares de confiança são (de modo bastante correto) encontrados nos conceitos acadêmicos de confiança. É importante destacar que a conceitualização da confiança em escritos acadêmicos varia consideravelmente segundo a teoria, a estrutura, o modelo ou a abordagem adotados por um pesquisador. Esse fato contribui para os problemas que os pesquisadores com diferentes abordagens têm para se engajar com os conceitos uns dos outros. Essas diferenças contribuem para a divergência ao decidir se o estudo e os resultados serão ou não aceitos pela comunidade acadêmica e publicáveis. Nesse contexto, vou descrever agora as diversas abordagens à investigação da confiança.

## ABORDAGENS À INVESTIGAÇÃO DA CONFIANÇA

### Teoria psicossocial

A teoria psicossocial de Erikson (1963) é considerada uma das origens da psicologia contemporânea. Essa teoria é a definição de confiança mais comumente citada em livros de introdução à psicologia e de psicologia do desenvolvimento. A teoria afirma que o desenvolvimento é composto por uma sequência de oito estágios de desenvolvimento psicossocial.

Cada estágio envolve um conflito que pode ser resolvido de modo psicologicamente saudável ou não saudável. A resolução de um estágio afeta a capacidade do indivíduo para resolver os estágios posteriores na sequência. O primeiro estágio é o da "confiança *vs.* desconfiança", que ocorre do nascimento aos 18 meses. Segundo Erikson (1963), durante esse período, a confiança é uma emoção que abarca o estado experimental de confiança do bebê de que é valorizado e de que suas necessidades serão supridas. Se o bebê encontra essa afeição/nutrição na pessoa que cuida dele, então alcança uma confiança básica. Por outro lado, se o bebê encontra falta de afeição/rejeição, alcança uma desconfiança básica. O bebê que alcança a confiança básica é capaz de adiar a gratificação e exercer controle sobre suas funções corporais (por exemplo, os intestinos). Segundo essa teoria, a emoção da confiança durante a primeira infância afeta profundamente o curso do desenvolvimento.

## Teoria do apego

Bowlby (1980) e outros como Ainsworth (1989) aprimoraram a teoria do apego. Segundo essa teoria, os bebês formam qualidades diferentes de apego em resultado da natureza do cuidado e da sensibilidade da pessoa que cuida deles, basicamente a mãe. Como produto das interações e da qualidade do apego, uma criança constrói um modelo de trabalho interno que representa a pessoa que cuida dele, o eu e o relacionamento entre eles. O modelo de trabalho interno estabelece uma estrutura cognitivo-afetiva que afeta o funcionamento psicossocial posterior.

A confiança foi conceitualizada na teoria e na pesquisa do apego de duas maneiras. Primeiro, a confiança foi vista como o bebê usando a pessoa que cuida dele como uma base segura que é parte integral da qualidade do apego (Waters & Deane, 1985). Segundo, foi proposto que crianças apegadas com segurança, e não com insegurança, desenvolvem um modelo de trabalho interno que inclui as expectativas sociais caracterizadas por um senso de confiança nos outros e pensamentos positivos em relação às intenções do comportamento das outras pessoas (Cohn, 1990). Do meu ponto de vista, o estilo de apego é um construto complexo e multidimensional e seria um engano considerar confiança como sinônimo de apego.

### Teoria piagetiana

Piaget (1965) examinou as avaliações de crianças sobre a mentira, entre outros comportamentos, como evidência do desenvolvimento moral. Ele propôs que as crianças pequenas (7 anos ou menos) demonstram um realismo moral (objetividade moral) e, assim, não levam em consideração as intenções que orientam a comunicação. As crianças pequenas consideravam erros que provocassem danos como uma mentira e como algo repreensível – mesmo que as consequências da mentira fossem involuntárias. Em comparação, as crianças mais velhas demonstravam moralidade subjetiva, dando peso considerável às intenções que orientam a comunicação, e consideravam a comunicação incorreta como uma mentira quando havia intenção de enganar os outros. Contrária às formulações de Piaget, uma pesquisa contemporânea mostra que as crianças pequenas consideram as intenções ao determinar a mentira. A pesquisa mostra, porém, que a utilização das intenções na determinação da mentira por parte das crianças aumenta em complexidade com o desenvolvimento (Peterson, Peterson & Seeto, 1983). As crianças mais velhas e os adultos consideram a mentira prejudicial à confiança nos relacionamentos sociais.

## CRENÇAS DE CONFIANÇA GENERALIZADAS

Julian Rotter é um dos pioneiros da pesquisa sobre confiança. Ele é responsável (em parte) por eu ter embarcado no estudo da confiança: uma tarefa que se transformou na minha carreira acadêmica. Muitos anos atrás, Rotter deu uma palestra sobre confiança como convidado no Departamento de Psicologia da Universidade de Waterloo, a que eu assisti. Rotter (1980) estava agudamente ciente de que a confiança é uma questão fundamental nos dilemas enfrentados pela sociedade moderna. Guiado pela teoria da aprendizagem social, ele propôs que as experiências de promessas de reforços negativos ou positivos moldavam as expectativas individuais daqueles comportamentos que se generalizam entre agentes sociais. Como consequência, os indivíduos estabeleciam expectativas generalizadas estáveis da extensão em que as declarações verbais ou escritas das outras pessoas poderiam ser confiáveis. Essas expectativas generalizadas poderiam ser adquiridas por aprendizagem direta a partir do comportamento dos agentes sociais (pais, professores, colegas etc.) e a partir das declarações verbais relativas aos outros feitas por pessoas significativas ou fontes de comunicação confiáveis.

## A ABORDAGEM À CONFIANÇA DE PAUL HARRIS E COLABORADORES

Eu me refiro a essa abordagem como teoria da aquisição de conhecimento (*Knowledge Acquisition Theory* – KAT). Harris (2007) propôs que a confiança guia a aquisição de conhecimento e as crenças das crianças em relação a uma ampla gama de entidades/conceitos abstratos (religião, evidência científica, história) com os quais elas não têm contato pessoal. As crianças dependiam das informações fornecidas pelos agentes sociais para adquirir conhecimento e crenças. Harris argumentou que as crianças não são simples consumidoras de informações, mas se envolvem em uma avaliação da validade desse conhecimento desde tenra idade.

## CAPITAL SOCIAL

Segundo a abordagem do capital social, a confiança é uma qualidade estabelecida entre os membros da sociedade ou as redes sociais que ligam os indivíduos e promovem normas de cooperação recíproca. A cooperação resulta em benefícios aos próprios indivíduos e também aos que estão próximos (Cozzolino, 2011). O capital social é considerado um construto multidimensional que se aplica a relações com família e amigos, bairros, cidadãos na sociedade, o Estado e as instituições (Rostila, 2010).

## CONFIANÇA ROMÂNTICA

Existem duas abordagens à confiança romântica: apego e fé romântica. Em relação à abordagem do apego, Hazen e Shaver (1987) propõem que o amor experimentado em um relacionamento romântico adulto é um processo de apego similar ao encontrado na infância. Esses autores conceitualizaram os padrões infantis de apego – seguro, evitativo e preocupado-

-ansioso – como formas de apego romântico em adultos. Foi descoberto que a distribuição dos apegos seguro, evitativo e preocupado-ansioso era similar à encontrada nos apegos infantis. Com base nos relatos retrospectivos de adultos sobre sua infância, os pesquisadores identificaram a continuidade entre a qualidade de apegos durante a infância e a qualidade dos apegos românticos durante a idade adulta.

Em relação à abordagem da fé romântica, Rempel, Holmes e Zanna (1985) identificaram três tipos de confiança em relacionamentos românticos adultos: previsibilidade (comportamento consistente *vs.* inconsistente), confiabilidade (honestidade e empatia atribuídas) e fé (responsivo e atento ao que acontecerá no futuro). Segundo a pesquisa de Rempel et al. (1985), a confiança progride da previsibilidade para a confiabilidade e, depois, para a fé conforme os relacionamentos românticos se desenvolvem.

## TEORIA DOS JOGOS

Os jogos têm sido usados para examinar a confiança desde o início da pesquisa sobre o tópico (por exemplo, Deutsch, 1958). Em uma pesquisa contemporânea, o jogo envolve uma troca entre dois jogadores em que a cooperação e o afastamento são avaliados pela quantidade de dinheiro designada para um parceiro (Montague, King-Casas & Cohen, 2006). Durante essa troca, um jogador (o investidor, jogador A) recebe uma quantidade de dinheiro ou pontos (como substitutos do dinheiro). O investidor pode ficar com todo o dinheiro ou decidir "investir" alguma quantia com o parceiro (a pessoa de confiança, ou jogador B), que é triplicada em valor conforme é enviada ao outro jogador, o qual decide então que porção retornar ao investidor. Foi descoberto que investidores tendem a fazer ofertas iniciais substanciais às pessoas de confiança de modo que a divisão seja considerada justa (por exemplo, se receber vinte dólares, o investidor pode investir dez dólares com a pessoa de confiança).

## TEORIAS DE CONTATO E TROCA SOCIAL

As teorias de confiança em contatos e trocas sociais são encontradas em diferentes disciplinas: psicologia, criminologia, sociologia e ciências organizacionais. A confiança é considerada o produto de trocas com resultados benevolentes entre indivíduos guiados por práticas de legitimidade e regras de justiça (por exemplo, Schoorman, Mayer, & Davis, 2007).

## A ESTRUTURA BASES, DOMÍNIOS E DIMENSÕES-ALVO (BDT)

A BDT (*Bases, Domains, and Target dimensions*) foi desenvolvida por meus colegas e por mim (Rotenberg, 2010). A estrutura BDT especifica que a confiança tem três bases (confiabilidade, confiança emocional, honestidade), três domínios (cognitivo/afetivo, dependente de comportamento, iniciador de comportamento) e duas dimensões-alvo (familiaridade, especificidade). As três bases são: (1) confiabilidade, que consiste em cumprir palavras ou promessas; (2) confiança emocional, que consiste em evitar provocar dano emocional, ser receptivo a revelações e manter a confidencialidade delas; (3) honestidade, que consiste em contar a verdade e engajar-se em comportamento guiado por intenção benevolente, e não malevolente. Os três domínios são: (1) cognitivo/afetivo, que consiste nas crenças/sentimentos dos indivíduos de que os outros demonstrem as três bases da confiança (por exemplo, crenças de confiança); (2) dependente de comportamento, que consiste em indivíduos que dependem comportamentalmente de outros para agir de modo confiável conforme as três bases de confiança; e (3) iniciador de comportamento, que consiste em indivíduos que se engajam comportamentalmente nas três bases da confiança (por exemplo, confiabilidade). As bases e os domínios abrangem duas dimensões-alvo: familiaridade, que abarca de muito a pouco familiar, e especificidade, que vai de outros específicos a outros gerais. Finalmente, a estrutura BDT especifica que a confiança é um processo recíproco em que as crenças e os comportamentos de confiança são correspondidos por parceiros em díades. Essas trocas recíprocas resultam em uma história social comum dos parceiros.

## RESUMO

Este capítulo começou questionando se a confiança era uma crise ou uma teoria de tudo. O capítulo incluiu definições populares de confiança e concluiu com resumos de teorias e abordagens ao tópico da confiança.

# 2

## MENTIRA E CONFIANÇA: SEXO, MENTIRAS E VIDEOTAPE

O papel da mentira e das violações de confiança nos relacionamentos interpessoais adultos na sociedade contemporânea é muito bem representado no filme *Sexo, Mentiras e Videotape*, produzido em 1989 por Steven Soderbergh. Neste filme provocativo, Ann (vivida por Andie MacDowell) não fazia mais sexo com o marido John (vivido por Peter Gallagher), que, sem que ela soubesse, estava tendo um caso com a irmã dela, Cynthia (vivida por Laura San Giacomo). A dinâmica do filme gira ao redor da visita de um velho amigo de John, um andarilho chamado Graham (vivido por James Spader). Graham tem o fetiche incomum de gravar mulheres descrevendo suas experiências sexuais. Cynthia e Ann acabam gravando, individualmente, fitas de vídeo descrevendo suas experiências sexuais para Graham. Além disso, Graham finalmente confessa em uma gravação de vídeo que costumava mentir compulsivamente e que isso destruiu seus relacionamentos românticos. Ann descobre por acidente que John está tendo um caso com a irmã dela. Ela decide que John não é digno de confiança e termina o casamento. Posteriormente, Ann e Graham começam a desenvolver um relacionamento próximo. O tema desse filme é que mentiras e enganos permeiam os relacionamentos íntimos adultos; isso desgasta a confiança e acaba com eles. O filme propõe que a revelação confidencial em videotape pode ajudar as pessoas a enfrentar e resolver os problemas sexuais. Isso é só loucura de um filme ou é uma descrição exata da vida real?

## COM QUE FREQUÊNCIA AS PESSOAS MENTEM?

Serota, Levine e Boster (2010) pediram que uma grande amostra de estadunidenses relatasse online quantas mentiras haviam contado a cinco tipos de pessoas (amigos, familiares, colegas de trabalho, conhecidos e estranhos) nas últimas 24 horas. Foi pedido aos participantes que relatassem as mentiras independentemente de serem óbvias ou sutis ou egoístas ou para proteger outras pessoas. Descobriu-se que os participantes relatavam que mentiram, em média, duas vezes por dia. Também, descobriu-se que poucas pessoas relatavam contar muitas mentiras: quase metade de todas as mentiras foi contada por apenas 5% da amostra. De fato, parece haver poucos mentirosos prolíficos. Foi descoberto que as mentiras tinham maior probabilidade de serem contadas para familiares ou amigos do que para conhecidos ou completos desconhecidos, e que a frequência da mentira diminuía com o aumento da idade. Em um estudo relacionado, DePaulo, Kashy, Kirkendol, Wyer e Epstein (1996) pediram que 77 estudantes universitários e 70 pessoas da comunidade escrevessem diários relacionando suas mentiras durante uma semana. Descobriu-se que os estudantes universitários contavam em média duas mentiras por dia e as pessoas da comunidade, em média uma por dia.

## QUE TIPOS DE MENTIRAS AS PESSOAS CONTAM?

Uma pesquisa (Northrup, Schwartz, & Witte, 2013) mostrou que 33% dos homens e 19% das mulheres admitem ser infiéis. A infidelidade ia de casos de uma noite até casos frequentes (ver o Capítulo 5). DePaulo, Ansfield, Kirkendol e Boden (2004) descobriram que casos extraconjugais eram o tipo mais frequente de mentiras sérias. As pessoas contavam mentiras sérias sobre morte e doenças graves, além de violência e perigo, mas menos frequentemente que sobre traições. Os pesquisadores descobriram que mentiras sérias tinham a ver com atos proibidos, dinheiro ou empregos, fatos e sentimentos pessoais, e autoidentidades. Segundo os resultados, a grande maioria das mentiras sérias tinha o objetivo de encobrir comportamentos ruins e evitar punição. Esses resultados de pesquisas sugerem que o filme *Sexo, Mentiras e Videotape* não está distante da verdade sobre relacionamentos íntimos.

Em uma investigação das mentiras da vida cotidiana, ou das chamadas "mentirinhas", De Paulo et al. (1996) descobriram que os indivíduos relatavam mais frequentemente ter contado uma mentira completa do que se envolvido em formas exageradas de mentira ou mentiras sutis (por exemplo, evitar ou omitir detalhes relevantes). As pessoas relatavam mais frequentemente contar mentiras positivas, que envolviam fingir gostar de algo ou de alguém mais do que realmente gostavam. Em um estudo relacionado, DePaulo e Kashy (1998) descobriram que os indivíduos contavam menos mentiras por interação social e se sentiam mais constrangidos ao mentir em interações com pessoas próximas do que com outros.

## POR QUE AS PESSOAS CONTAM MENTIRAS?

Foi proposto que mentir tem uma função evolutiva em várias espécies, entre elas os seres humanos. A capacidade da espécie de enganar é considerada essencial para evitar predadores e garantir a nutrição (ver Alcock, 2011). Existem evidências de que tanto seres humanos quanto primatas se envolvem em enganos táticos. Esses enganos incluem o envolvimento em manobras sociais, entre elas formar coalizões e alianças a fim de atingir um objetivo (ver Hall & Brosnan, 2017). Um dos pontos controversos é se o comportamento "enganoso" de outras espécies é reflexivo em vez de um produto de sua intenção de enganar, isto, se é um produto da compreensão de estados mentais e emocionais.

*Insights* sobre as motivações para mentir foram acumulados pelos estudos pelo método do diário realizados por DePaulo et al. (1996). Esses pesquisadores descobriram que as pessoas têm o dobro de probabilidade de contar mentiras egoístas que as beneficiem do que mentiras que beneficiem os outros. As pessoas contavam mentiras egoístas a fim de tentar parecer melhor ou se sentir melhor, se proteger de constrangimento ou desaprovação, garantir que seus sentimentos não fossem feridos ou ganhar a estima e o afeto dos outros. É claro que as pessoas contavam algumas mentiras para obter ganhos materiais ou conveniência pessoal. Segundo o estudo, o mais frequente era que as pessoas contassem mentiras sobre seus sentimentos em vez de sobre suas realizações, seus fracassos e os lugares em que se encontravam. Quando as pessoas contavam mentiras orientadas para os outros, muitas vezes fingiam se sentir de modo mais positivo do que realmente se sentiam e concordar com as outras pessoas quando, na verdade, discordavam.

Existem evidências de que traços de personalidade são responsáveis por enganos e mentiras. Kashy e DePaulo (1996) descobriram que a disposição da personalidade para o maquiavelismo estava associada a contar mentiras, basicamente mentiras egoístas que dão aos que as contam uma vantagem sobre os outros e protegem seus interesses. Descobriu-se que a característica de personalidade da responsabilidade (isto é, a propensão de se sentir obrigado a ser honesto e correto) estava negativamente associada à mentira, especialmente às mentiras egoístas. Finalmente, quem tem disposição de personalidade para o maquiavelismo tendia a se ver como um mentiroso mais bem-sucedido do que as outras pessoas.

## OS ADOLESCENTES TAMBÉM MENTEM!

A prevalência de mentir para os pais em adolescentes (alunos do Ensino Médio) e jovens adultos (estudantes universitários) foi examinada por Jensen, Arnett, Feldman e Cauffman (2004). Eles pediram que os participantes avaliassem em escalas de 5 pontos a frequência com que tinham mentido aos pais sobre seis assuntos diferentes (dinheiro, comportamento sexual, amigos, festas, namoro e uso de álcool e drogas) no ano anterior. Descobriu-se que 82% de todos os jovens adultos relatavam mentir para os pais em pelo menos um dos seis assuntos abordados (dinheiro, álcool/drogas, amigos, namoro, festas e sexo), com a incidência média de 0,6 a 2,4 mentiras, dependendo do assunto. Foi descoberto que os adolescentes mentiam com maior frequência que os jovens adultos, e os homens mentiam com maior frequência que as mulheres. Os adolescentes disseram que seus motivos básicos para mentir para os pais eram preservar a autonomia (isto é, o direito de tomar suas próprias decisões) e o comportamento prossocial (ajudar os outros). Do mesmo modo, os adolescentes consideravam mentir para os pais algo mais aceitável que os jovens adultos. Além disso, os homens consideravam mentir para os pais mais aceitável que as mulheres. Finalmente, a baixa disposição ao autocontrole estava associada com a aceitação da mentira para os pais, que, por sua vez, previa estatisticamente as mentiras. Os autores sugeriram que o declínio na frequência de mentiras para os pais, da adolescência até a idade adulta, era resultado do alcance da autonomia na idade adulta, que diminuí a necessidade do comportamento enganoso.

## AS CRIANÇAS SABEM O QUE É A MENTIRA?

Até mesmo crianças pequenas (3 ou 4 anos) entendem que mentir depende da intenção de enganar – embora exista um desenvolvimento crescente da consideração das intenções na definição da mentira (ver o Capítulo 1). A pesquisa da teoria da mente (*Theory of mind* – TOM) demonstrou que mesmo crianças muito pequenas (4 anos ou até menos) atingem capacidades de crença falsa de primeira ordem e compreendem como as pessoas podem fazer as outras terem uma crença de que eventos ou estados internos podem ser falsamente apresentados. A pesquisa da TOM também mostra que as crianças consideram moralmente errado provocar intencionalmente crenças falsas nos outros (Talwar & Lee, 2008).

## CRIANÇAS PEQUENAS MENTEM?

Quase todos os pais responderão sim a essa pergunta e estarão certos. A disposição das crianças para mentir é mostrada no paradigma da resistência à tentação (Lewis et al., 1989). Neste método, a criança ouve de um primeiro experimentador que não pode espiar nem brincar com um brinquedo e, depois, o experimentador sai da sala. É feita uma gravação para ver se a criança desobedeceu às instruções do experimentador e espiou. Outro experimentador, então, entra na sala onde a criança estava e lhe pergunta sobre suas ações durante o tempo em que o primeiro experimentador se ausentou. Isso é feito para ver se a criança admite ter espiado. Os estudos feitos com este método mostram que até mesmo crianças em idade pré-escolar (3 a 5 anos) frequentemente escondem a verdade ou ocultam informações para enganar os outros.

Estudos longitudinais mostram que muitas crianças (cerca de 65%) mentem frequente ou ocasionalmente, segundo os relatos das mães. Apenas uma pequena porcentagem (5%) das crianças do Ensino Fundamental são mentirosos habituais (Gervais, Tremblay, & Desmarais-Gervais, 2000). Essa porcentagem é similar à porcentagem de adultos que mentem cronicamente, segundo o estudo de Serota, Levine e Boster (2010). Vários estudos mostram que os meninos mentem mais frequentemente que as meninas (ver Lee, 2013).

## POR QUE AS CRIANÇAS MENTEM?

As crianças mentem ou enganam principalmente porque essas ações levam a menos consequências negativas para elas (ver Talwar & Crossman, 2011). No entanto, algumas pesquisas mostram que as crianças contam "mentiras boas" a fim de proteger os sentimentos dos outros. Em um estudo de Warneken e Orlins (2015), crianças de três grupos etários (5 anos, 7 a 8 anos, e 10 a 11 anos) interagiram com uma adulta em uma tarefa de arte. Durante a sequência de interações, uma adulta tinha o papel de artista e desenhava pinturas malfeitas, como a de uma casinha. A artista dizia às crianças que estava muito triste por causa de sua falta de habilidade como artista (a condição triste) ou que não se importava com a falta de habilidade (a condição neutra). A tarefa das crianças era decidir se o desenho da artista era bom ou ruim. As crianças de todas as idades tendiam a decidir que o desenho era bom em vez de ruim quando estavam na condição triste em vez da neutra. O estudo mostrou que as crianças contam "mentiras boas" a fim de proteger os sentimentos dos outros.

## AS CRIANÇAS MENTEM... MAS SERÁ QUE SABEM QUE É ERRADO FAZER ISSO?

As pesquisas convergem ao mostrar que mesmo crianças muito pequenas (3 ou 4 anos) condenam moralmente a mentira (ver Lee, 2013). Elas também mostram que os adultos consideram as mentiras altruístas como mais morais que a honestidade egoísta (Levine & Schweitzer, 2014). Existem, porém, diferenças desenvolvimentais e culturais na avaliação moral da mentira. Por exemplo, as crianças chinesas aceitam mais a mentira a fim de proteger os sentimentos ou a reputação do grupo que as crianças estadunidenses. Além disso, há evidências de que existem aumentos durante a infância na aceitação da mentira como um ato educado e na disposição de contar esse tipo de mentira (Xu, Bao, Fu, Talwar, & Lee, 2010).

## AS PESSOAS CONSEGUEM PERCEBER QUANDO OS OUTROS ESTÃO MENTINDO?

Na prática, as crianças e os adultos normalmente não superam os níveis de acaso ao detectar quando as pessoas mentem. Existem exceções a essa observação: descobriu-se que policiais federais e psicólogos clínicos superam o acaso na detecção da mentira (ver Crossman & Lewis, 2006). Crianças e adultos muitas vezes se baseiam em pistas erradas para detectar mentiras, como as pistas enganosas de evitação de contato ocular, comunicação planejada em vez de espontânea e movimentos rápidos dos membros (ver DePaulo, Lanier, & Davis, 1983; Rotenberg, 1991; Shiri & Bruce, 2008). Na prática, os mentirosos parecem ser menos acessíveis, têm mais interrupções na sua fala e suas explicações são menos atraentes e incluem menos imperfeições (DePaulo et al., 2003).

## RESUMO

O capítulo começou com um resumo do filme *Sexo, Mentiras e Videotape* a fim de examinar a prevalência, a natureza e as causas da mentira. O capítulo incluiu uma revisão da pesquisa sobre mentira durante a infância, a adolescência e a vida adulta. O capítulo encerrou com a descoberta de que as pessoas não são boas em detectar mentiras e muitas vezes estão equivocadas quanto às pistas que a revelariam.

# 3

# CONFIANÇA É UM EQUILÍBRIO DELICADO

Engodos ou golpes existem desde o início da humanidade (por exemplo, o cavalo de Troia). Os jornais e a mídia estão repletos de histórias sobre pessoas que foram vítimas de engodos ou golpes. Certo dia, vi uma história publicada no jornal *The Mirror* sobre uma médica no programa popular Good Morning Britain. A médica descreveu "o horrível momento em que se deu conta de que o namorado que conhecera no site de encontros Plenty of Fish tinha lhe aplicado um golpe de 150 mil libras e até tentado enganar a mãe dela sem que ela soubesse" (*Mirror News*, 1 de agosto de 2016).

Nem mesmo os pesquisadores da confiança estão imunes! Sou o representante no Reino Unido da International Society for the Study of Behavioral Development (ISSBD). Recebi um e-mail do presidente da ISSBD pedindo que eu ajudasse um membro da China que visitaria o Reino Unido a fim de assistir ao funeral da irmã. Acabei me recusando e entrei em contato com a ISSBD, que confirmou que era realmente um golpe. A organização colocou uma descrição do evento no site a fim de alertar os outros membros. Talvez meu histórico acadêmico tenha me ajudado a resistir ao golpe – realmente não sei.

Ao ficar sabendo de algum golpe, um indivíduo muitas vezes se pergunta: "Será que eu confio demais?" ou "Será que confio na medida certa?". Essas questões são provavelmente fundamentais para a própria vida – elas são questões existenciais. Vou colocá-las sob a perspectiva de Frank Crane, que afirmou: "Você pode se decepcionar se confiar demais, mas viverá atormentado se não confiar o bastante". Frank Crane está correto? O modo mais simples de abordar essas questões é em referência à pesquisa que estuda as consequências de confiar demais ou confiar de menos.

## EXISTEM CONSEQUÊNCIAS DE CONFIAR DE MENOS?

Um crescente corpo de pesquisa tem mostrado que a baixa confiança promove desajustes psicossociais. Meus colegas e eu usamos medidas derivadas da estrutura BDT para avaliar a extensão em que os indivíduos acreditam que os outros demonstram confiabilidade (por exemplo, manter promessas), lealdade (por exemplo, manter informações confidenciais) e honestidade (por exemplo, contar a verdade *vs.* mentir). Em uma série de estudos, meus colegas e eu (Rotenberg et al., 2010; estudos 1, 2 e 3) descobrimos que crenças de confiança baixas previam longitudinalmente aumentos em solidão para três grupos etários: início da infância, meio da infância e início da vida adulta. As relações entre baixa confiança e aumento em solidão eram tanto diretas como mediadas por medidas de rompimento dos relacionamentos sociais.

Em um dos estudos (Rotenberg et al., 2010; estudo 4), estudantes universitárias se envolveram em uma "tarefa de memória". Elas foram designadas aleatoriamente para estar em uma de duas condições. As universitárias na condição de *criação de base de confiança* deviam memorizar uma lista de palavras que incluía termos relacionados a confiança (por exemplo, sincero). O propósito de memorizar essas palavras era aumentar a acessibilidade dos pensamentos de confiança. As universitárias na condição de *criação de base de desconfiança* deviam memorizar palavras que incluíam termos de desconfiança (por exemplo, mentira). O propósito da memorização daquelas palavras era aumentar a acessibilidade dos pensamentos de desconfiança. Em seguida, foi pedido que as universitárias avaliassem seus sentimentos em um *checklist* de palavras (incluindo solidão e timidez) e relatassem sua disposição para revelar informações pessoais a outras pessoas. Elas então tinham uma breve conversa com outra universitária. Primeiro, elas escolhiam um assunto de uma lista para discutir e, após uma conversa muito breve, relatavam a relação que haviam estabelecido com a parceira de conversa.

Os resultados do estudo mostraram que, em comparação às participantes preparadas para confiança, as participantes preparadas para desconfiança relatavam sentimentos mais intensos de solidão e retração (solidão e timidez), uma disposição menor para se abrir para os outros, uma disposição menor para revelar assuntos íntimos para a parceira de conversa e uma percepção mais baixa de ter estabelecido uma relação na conversa.

Interpretamos os resultados de todos os quatro estudos em nosso artigo como uma demonstração de que crenças de confiança baixas contribuem diretamente para a solidão porque resultam em sentimentos de estar separado dos outros. Além disso, as crenças de confiança baixas contribuem indiretamente para a solidão porque resultam em pouca disposição dos indivíduos para se envolver e se abrir com os outros e uma menor percepção de relação estabelecida nas interações. Há mais evidências para o problema das pessoas com baixa confiança. Malti et al. (2013) descobriram que a baixa confiança está relacionada à agressão. Qualter et al. (2013) descobriram que crenças de confiança baixas nos outros preveem solidão elevada, além de sintomas depressivos e saúde geral reduzida, durante o período da infância e da adolescência. De modo geral, os resultados de pesquisa mostram que confiar *de menos* promove diversas formas de desajuste.

## EXISTEM CONSEQUÊNCIAS DE CONFIAR DEMAIS?

Julian Rotter (1980) formulou a pergunta: as pessoas que confiam muito são muito ingênuas? A fim de abordar essa questão, Rotter revisou a pesquisa dele e de outros para determinar se os indivíduos que tinham crenças de confiança altas e generalizadas seriam especialmente ingênuas e tenderiam a ser traídas. Rotter (1967) encontrou uma falta de associação entre as pontuações das universitárias na escala de confiança interpessoal de Rotter e outras avaliações delas como inocentes (ingênuas e fáceis de enganar). Rotter também revisou diversos estudos que demonstravam que os indivíduos com alta confiança interpessoal realmente mostravam mais comportamentos de confiança que as pessoas com baixa confiança. Porém, os estudos confirmaram que, quando as pessoas tinham razões para desconfiar das comunicações na interação social, não havia diferenças apreciáveis entre os grupos de alta e baixa confiança. Rotter (1980) propôs que não havia relação apreciável entre as crenças de confiança e a ingenuidade, mas será que ele estava certo?

Infelizmente, Rotter (1980) não considerou a gama completa das crenças de confiança, de muito baixas a muito altas. Será que a ingenuidade e o funcionamento psicossocial estão associados a crenças de confiança quando avaliamos a gama completa? Esse tipo de análise nos permitiria considerar se confiar demais (bem como de menos) tinha consequências negativas para o funcionamento psicossocial. Usando esse tipo de análise, meus colegas e eu encontramos evidências para apoiar as observações de Crane. Por exemplo, nós (Rotenberg, Boulton & Fox, 2005) descobrimos que as crianças com crenças de confiança muito altas e muito baixas nos colegas eram mais rejeitadas pelos colegas, mais excluídas pelos colegas e tinham percepções mais baixas da aceitação social autopercebida que as crianças com crenças de confiança médias. Além disso, as crianças com crenças de confiança muito altas e muito baixas mostravam níveis elevados de desajuste psicológico (solidão, depressão e ansiedade) no decorrer do tempo em comparação às crianças com crenças de confiança médias.

Em um estudo posterior, nós descobrimos que as relações entre crenças de confiança e problemas psicossociais se estendiam às interações entre crianças no playground (Rotenberg, Qualter, Barrett, & Henzi, 2014). Por exemplo, as meninas com crenças de confiança muito baixas ou muito altas nos colegas apresentavam problemas maiores em interações com eles (incluindo agressão indireta, rejeição e angústia) do que as meninas com crenças de confiança médias nos colegas.

Interpretamos os resultados desse modo. Primeiro, propusemos que os indivíduos com crenças de confiança baixas (e muito baixas) têm problemas psicossociais porque tendem a se separar dos outros, sentir-se solitários e separados. Em segundo lugar, propusemos que os indivíduos com crenças de confiança muito altas têm problemas psicossociais porque correm o risco de ser traídos pelos outros: por exemplo, são muito vulneráveis a violações de confidencialidade de revelações. Em terceiro lugar, propusemos que o padrão é resultado do fato de tanto o grupo com crenças de confiança muito baixas quanto o grupo com crenças de confiança muito altas violarem as normas sociais de confiança. De modo geral, os resultados de nossa pesquisa sustentam a observação de Crane, mostrando que os indivíduos que confiam demais e os que confiam de menos apresentam problemas psicossociais.

## TRAIÇÃO!

Segundo nossos argumentos, os indivíduos que confiam demais tendem a ter problemas psicossociais porque são traídos. O que sabemos sobre a traição? Algumas respostas estão no Capítulo 2. Um estudo de Jones e colaboradores (Jones, Chan, & Miller, 1991) mostrou que as mulheres relatavam ser traídas e trair mais comumente em casos extraconjugais. As mentiras eram a próxima forma mais comum de traição. No caso dos homens, casos extraconjugais (ver o Capítulo 5) e trair a confiança eram formas igualmente prováveis de traição. A grande maioria das pessoas (90% delas) disse que seus relacionamentos pioravam como resultado de serem traídas, mas um número substancial (50% delas) disse que seus relacionamentos ficavam iguais ou mesmo melhores quando elas traíam os outros. Ao ser traídas, as pessoas sentem que seu relacionamento mergulha no desespero. O interessante é que, quando se perguntava às pessoas sobre trair os outros, elas relatavam que os relacionamentos continuavam iguais ou melhoravam. Existe uma base de autoconveniência nas consequências percebidas de trair os outros.

Além disso, Jones e seus colegas examinaram a traição em crianças normais e institucionalizadas. Eles descobriram que, nos dois grupos de crianças, as traições caíam em três categorias: provocar, contar mentiras ou fazer acusações falsas, e fazer fofocas e trair a confiança. Como esperado, os meninos institucionalizados muitas vezes relatavam diversas atividades criminosas como traição, mas também citavam ser abandonados, rejeitados e ignorados pelos pais como traições. Outras traições incluíam quebrar promessas de parar de usar drogas e de parar de ver amigos indesejáveis, e o fracasso escolar. De modo geral, os meninos institucionalizados tinham traições mais sérias que os meninos normais.

Esses autores também construíram uma medida padronizada, chamada de escala de traição interpessoal (*Interpersonal Betrayal Scale* – IBS), que avaliava diferenças individuais ao se envolver em atos de traição (por exemplo, fazer uma promessa sem intenção de mantê-la). Os pesquisadores descobriram que as traições na IBS para adultos (a) eram maiores para os divorciados que para os não divorciados e (b) estavam associadas com características autoincentivadas de irritação, inveja, cinismo, desconfiança paranoide, passividade-agressividade e (inversamente) tolerância. Os pesquisadores descobriram que as traições na IBS para crianças estavam associadas com relatos de relacionamentos envolvendo ciúmes, desacordo e arrependimento. Segundo o estudo, os adultos e as crianças estão vulneráveis a ser traídos. No entanto, esses pesquisadores não examinaram se confiar demais estava associado à traição, conforme foi proposto.

## SERÁ QUE CONFIO NA MEDIDA "CERTA"? POSSO EVITAR SER ENGANADO OU TRAÍDO?

Infelizmente, não existe um meio simples pelo qual se possa determinar se alguém confia na medida "certa". Infelizmente, não existe um escudo que evite que as pessoas sejam traídas quando confiam – talvez demais. Para começar, os achados são resultados estatísticos: eles não podem dar uma resposta para um indivíduo. Mesmo que fosse possível determinar se a pessoa tem confiança de menos ou demais, ela não está destinada a ser um fracasso social. Os resultados revelam tendências *gerais* demonstradas por pessoas com confiança muito baixa ou muito alta para apresentar problemas psicossociais. Outra questão diz respeito à capacidade dos indivíduos de detectar quando outros os estão enganando. Como descrito no Capítulo 2, as pessoas não são boas para detectar mentiras – não são melhores que o acaso. Normalmente, as pessoas não costumam detectar um logro.

Um tipo de resolução é fornecido pela BDT, que postula que a confiança em uma díade é guiada pela reciprocidade. Segundo o princípio, crenças e comportamentos de confiança tendem a se tornar correspondidos durante as interações diádicas e estabelecem uma história psicossocial comum para as pessoas envolvidas. Nesse contexto, o nível "certo" de confiança depende do histórico das trocas de crenças e comportamentos de confiança entre um indivíduo e a outra pessoa em um relacionamento diádico. O nível certo de confiança para um indivíduo considerando um dado relacionamento deve ser embasado no histórico das trocas de crenças e comportamentos de confiança entre ele e a outra pessoa.

## RESUMO

Este capítulo abordou o equilíbrio delicado da confiança por meio da questão de confiar demais ou de menos. As pesquisas revisadas mostraram que os dois extremos da confiança estão associados com problemas psicossociais. O capítulo culminou na discussão da traição e em uma estratégia para lidar com esse problema em um dado relacionamento social.

# 4

# DESENVOLVENDO CONFIANÇA: OS PAIS PODEM ACERTAR!

O princípio de que os pais e outros agentes sociais contribuem para o desenvolvimento durante a infância é central para várias teorias na psicologia do desenvolvimento. Segundo a teoria do apego (ver o Capítulo 1), os cuidados e a sensibilidade dos pais promovem a segurança do apego e a formação de modelos de trabalho interno de apego nas crianças; tudo isso promove a confiança delas nos outros. Segundo a KAT (ver o Capítulo 1), a confiança da criança nos outros, especialmente nos pais, é essencial para a aquisição de conhecimento do mundo físico e de crenças religiosas. Segundo a estrutura BDT (ver o Capítulo 1), as crenças e os comportamentos de confiança das crianças (dependência e iniciativa de comportamento) são o produto das trocas entre elas e os pais (e outros agentes sociais). Uma história social vinculada entre as crianças e os pais é produzida pela reciprocidade de crenças e comportamentos de confiança (que estão associados) durante o curso da interação social.

Apesar das formulações, existem bem poucas pesquisas que tenham examinado precisamente como e se os pais afetam a confiança dos filhos. Existem diversas questões que podem ser colocadas: se os pais afetam a confiança que os filhos têm neles (os pais), se a confiança dos pais (ou o comportamento relacionado) afeta a confiança dos filhos nos outros, e se a confiança dos filhos nos pais afeta o desenvolvimento social dos filhos.

O propósito deste capítulo é revisar as pesquisas relevantes em relação a essas questões.

## OS PAIS AFETAM A CONFIANÇA QUE OS FILHOS TÊM NELES?

Segundo a teoria do apego, crianças com apego seguro, em vez de inseguro, desenvolvem um modelo de trabalho interno caracterizado por um senso de confiança nos outros e por pensamentos positivos em relação às intenções dos comportamentos das outras pessoas. Assim, elas atingem a competência social. A teoria do apego prescreve que os cuidados e a sensibilidade dos pais promovem a segurança do apego nos filhos. As medidas do modelo de trabalho interno incluem itens projetados para avaliar a confiança das crianças nos pais (por exemplo, facilidade de confiar na mãe; ver Kerns, Klepac, & Cole, 1996). Existe um volume substancial de pesquisas que apoiam o princípio de que os cuidados e a sensibilidade dos pais afetam a segurança do apego e o modelo de trabalho interno. Consequentemente, parece razoável sugerir que esses comportamentos dos pais promovem a confiança das crianças neles. Porém, isso é uma inferência, porque os itens que avaliam a confiança das crianças nos pais estão integrados nas medidas do modelo de trabalho interno.

## A CONFIANÇA DOS PAIS AFETA A CONFIANÇA DOS FILHOS NOS OUTROS?

Como uma resposta a essa questão, examinei a relação entre a confiança de alunos do Ensino Fundamental nos outros e a confiança dos pais destes nos outros (Rotenberg, 1995). Foi descoberto que as crenças de confiança das mães nos outros estavam correlacionadas com as crenças de confiança dos filhos nos professores. Também descobrimos que o comportamento de confiança dos pais durante um jogo competitivo *vs.* cooperativo (isto é, uma versão do jogo "O dilema do prisioneiro") estava correlacionado com o comportamento de confiança dos filhos no mesmo jogo com um estranho. Interpretei esses achados como sugerindo que as verbalizações de confiança das mães em relação aos outros afetavam as crenças de confiança das crianças nos outros; e o comportamento de confiança dos pais em interações de brincadeira afetava o comportamento de confiança dos filhos em interações similares com pessoas desconhecidas.

## O QUE FAZ OS PAIS CONFIAREM NOS FILHOS?

Kerr, Stattin e Trost (1999) pediram que adolescentes avaliassem a confiança dos pais neles (por exemplo, os pais confiam que eles não passem tempo com pessoas ruins) e pediram que os pais avaliassem a própria confiança nos filhos adolescentes nos mesmos termos. Os pesquisadores descobriram que a confiança dos pais nos filhos adolescentes, relatada pelos pais e pelos adolescentes, estava negativamente associada com delinquência e positivamente associada com a revelação espontânea de informações aos pais por parte dos adolescentes. Os pesquisadores propuseram que a revelação espontânea de pensamentos, sentimentos e atividades aos pais por parte dos adolescentes é uma causa básica da confiança dos pais nos adolescentes. Além disso, foi descoberto que os relatos dos pais sobre a confiança nos filhos adolescentes estavam associados com um funcionamento positivo da família, conforme relatado por pais e adolescentes.

## A CONFIANÇA DOS FILHOS NOS PAIS AFETA A CONFIANÇA DOS FILHOS NOS OUTROS?

Como uma resposta parcial a essa pergunta, nós (Rotenberg, Bharathi, Davies, & Finch, 2013) descobrimos que as crenças de crianças do Ensino Fundamental de que os pais mantinham promessas estavam associadas com a extensão em que elas confiavam que os colegas mantivessem promessas e mantinham promessas aos colegas. Esses resultados são coerentes com a ideia de que as crenças de confiança das crianças nos pais fornecem a base para as crenças de confiança das crianças nos colegas e para o comportamento de confiança delas. Em outro estudo, meus colegas e eu descobrimos que as crenças de confiança das crianças na mãe e no pai estavam associadas com ajudar os colegas (Rotenberg et al., 2005). As crianças que tinham crenças altas nos pais tinham maior probabilidade de ajudar os colegas que as crianças que tinham crenças de confiança baixas nos pais.

Os pesquisadores encontraram relações pequenas a moderadas entre a qualidade do apego das crianças (seguro *vs.* inseguro) e sua competência social posterior (ver Schneider, Atkinson, & Tardif, 2001). Os resultados podem sugerir que a confiança das crianças nos pais, conforme indexada pelo apego, promove a confiança nos colegas, conforme indexada pela competência social.

## OUTROS AGENTES SOCIAIS, COMO ESCOLAS OU VIZINHOS, AFETAM A CONFIANÇA DAS CRIANÇAS?

O papel da escola na confiança dos adolescentes é descrito no estudo de Flanagan e Stout (2010). Nesse estudo, adolescentes responderam a medidas de confiança social (por exemplo, é possível confiar na maioria das pessoas), confiança interpessoal (por exemplo, meus amigos guardam meus segredos) e solidariedade na escola (por exemplo, os alunos se importam uns com os outros). Além disso, os adolescentes relataram a extensão em que os professores promoviam o respeito mútuo entre os estudantes e incentivavam a expressão de opiniões. Os resultados representam uma mistura de dados transversais e longitudinais. A confiança social estava simultaneamente associada com confiança interpessoal, solidariedade na escola e clima democrático da escola. Foi descoberto que a solidariedade na escola previa longitudinalmente aumentos na confiança social. Os resultados apoiaram as conclusões de que as qualidades da escola dos adolescentes, sob a forma de solidariedade e clima democrático, promovem a confiança generalizada dos adolescentes nos outros. Em um estudo relacionado, Bryk e Schneider (2002) descobriram que a confiança das crianças nas escolas (concebidas amplamente) desempenha um importante papel no ajustamento social e acadêmico delas.

Os efeitos potenciais das comunidades sobre a confiança têm sido revelados em vários estudos. Meus colegas e eu descobrimos que a confiança percebida da comunidade, avaliada pelos pais, previa longitudinalmente a confiabilidade (manutenção de promessas), as crenças de confiança nos outros e a lealdade (manter o prometido) das crianças (Rotenberg, Betts,

Eisner, & Ribeaud, 2012). Foi descoberto que, quando as crianças vivem em uma comunidade confiável em vez de pouco confiável, elas tendem a desenvolver crenças de confiança e lealdade.

## O DIVÓRCIO TEM EFEITOS SOBRE A CONFIANÇA DAS CRIANÇAS?

Uma das experiências mais disruptivas para as crianças é quando os pais são divorciados ou separados. Existe um corpo de pesquisa que apoia a conclusão de que filhos de famílias divorciadas mostram mais desajustes psicossociais que os de famílias "intactas" (ver Reifman, Villa, Amans, Rethinam, & Telesca, 2001). Os pesquisadores descobriram que, em comparação com filhos de famílias intactas, os filhos de famílias divorciadas demonstram crenças generalizadas mais baixas de confiança nos pais (Sun & Li, 2002) e crenças mais baixas de confiança no futuro cônjuge quando são adultos (Franklin, Janoff-Bulman, & Roberts, 1990). Estudos qualitativos (Baker, 2005) mostram que as crianças relatam experiências de angústia, falta de confiança e isolamento quando os pais se divorciam.

## COMO OS PAIS DEVERIAM PROMOVER A CONFIANÇA DOS FILHOS (ESPECIALMENTE NOS PAIS)?

Antes de abordar essa questão, devemos destacar que incentivar as crianças a adotar crenças de confiança excessivamente elevadas nos outros não é desejável porque essas crenças parecem abalar o ajustamento psicossocial. No entanto, a estrutura BDT sugere que os pais deveriam promover a confiança básica dos filhos neles (os pais) a fim de estabelecer um relacionamento de confiança entre pais e filhos. Segundo a estrutura BDT, os pais podem fazer isso cumprindo as promessas que fizeram aos filhos, sendo receptivos a revelações dos filhos e demonstrando honestidade nas interações com o filho. Contudo, os estresses financeiro e interpessoal da época contemporânea tornam mais difícil que os pais demonstrem consistentemente esses comportamentos em suas interações com os filhos. Talvez a tarefa mais desafiante para os pais, porém, seja garantir que um relacionamento de confiança entre pais e filhos seja mantido no decorrer da desarmonia conjugal e de um divórcio. Essas transições têm o potencial para erodir a confiança dos filhos nos pais e, quando os filhos se tornam adultos, a confiança nos parceiros conjugais.

A questão também diz respeito a quais comportamentos parentais promovem a confiabilidade – inclusive confiabilidade em relação aos pais. Várias linhas de pesquisa mostram que o uso de estilos de disciplina punitivos (Rotenberg et al., 2012) é contraprodutivo e serve para abalar, mais do que promover, a confiabilidade nas crianças. Esses achados não significam que os pais não devam determinar padrões morais elevados para seus filhos (por exemplo, condenar mentiras), mas a dependência da punição física não é uma forma de alcançar resultados desejáveis como a confiabilidade.

Esse ponto é reforçado pelos resultados de um estudo de Hays e Carver (2014). Esses pesquisadores usaram o paradigma da resistência à tentação descrito no Capítulo 2 com crianças de 3 e de 7 anos. Como observado no Capítulo 2, um experimentador pediu às crianças que não espiassem um brinquedo atraente e, depois, saiu da sala. Quando sozinhas, a maioria das crianças pequenas espiou. Depois, outro experimentador perguntou à criança se ela tinha ou não espiado, o que fornece evidências em relação a sua disponibilidade para mentir. Na versão de Hays e Carver desse paradigma (2014), as crianças foram expostas a um experimentador que tinha mentido (por exemplo, afirmando incorretamente que havia doces em uma vasilha) ou que não tinha mentido antes do procedimento do brinquedo atraente. Foi descoberto que crianças em idade escolar (5 a 7 anos) tinham maior tendência a espiar o brinquedo e mentir depois de espiar quando eram expostas inicialmente ao experimentador que mentia do que ao que não mentia. Essas diferenças não foram encontradas em crianças em idade pré-escolar (abaixo de 5 anos). Os resultados sugerem que os adultos que mentem funcionam como um modelo desonesto para crianças em idade escolar e promovem a falta de confiabilidade nelas. Os resultados sugerem que uma maneira de ajudar a garantir que seu filho seja confiável é não mentir – especialmente para ele – a não ser quanto à existência do Papai Noel e outras convenções sociais.

## RESUMO

O capítulo revisou as teorias de desenvolvimento e as pesquisas relacionadas para sugerir que práticas de criação sensíveis e cuidadosas promovem a confiança das crianças nos pais, que verbalizações maternas de confiança e comportamentos paternos de confiança promovem as crenças de confiança e os comportamentos de confiança das crianças em relação aos outros, e que as revelações dos adolescentes promovem a confiança dos pais neles. O capítulo incluiu pesquisas sugerindo que o divórcio é prejudicial para formas específicas de crenças de confiança nos filhos. Finalmente, o capítulo terminou com sugestões de como os pais podem estimular a confiança dos filhos neles (os pais) ao não se engajar em práticas de criação punitivas nem mentir para os filhos.

# 5

# CONFIANÇA NOS RELACIONAMENTOS ROMÂNTICOS: QUANTOS TONS TEM A SUA CONFIANÇA ROMÂNTICA?

O livro *Cinquenta tons de cinza* é um fenômeno. Como a maioria dos adultos já sabe, é um romance erótico de E. L. James e é o primeiro livro em uma trilogia. Ele conta o relacionamento cada vez mais íntimo sexualmente entre uma universitária (Anastasia Steele) e um jovem magnata dos negócios (Christian Grey). O livro retrata um comportamento altamente erótico composto de *bondage*/disciplina, dominância/submissão e sadismo/masoquismo (BDSM). *Cinquenta tons de cinza* ficou no alto das listas de *best-sellers* em todo o mundo e vendeu mais de 90 milhões de exemplares em 52 idiomas.

O sexo em *Cinquenta tons de cinza* é extremamente explícito, mas o que pode não ficar tão claro é a ideia de que a confiança entre os parceiros é crucial para o BDSM. A pessoa submissa ou *bottom* (isto é, a pessoa que recebe dor no BDSM) precisa confiar que a pessoa dominante ou *top* (isto é, a pessoa que inflige a dor no BDSM) poderá controlar seu comportamento agressivo. Os dominantes precisam se conter em resposta a pistas não verbais sutis dos submissos, muitas vezes durante o auge da paixão. Certamente, o BDSM é uma forma muito distinta de comportamento sexual, mas pode ser visto como uma metáfora bastante *extrema* para outros relacionamentos sexuais e românticos. Ela inclui um relacionamento em que um parceiro é muito vulnerável ao outro como parte de uma interação muito interdependente com o objetivo de alcançar intimidade física e proximidade emocional. Além disso, as interações são guiadas por formas complexas e sutis de comunicações verbais e não verbais. No mínimo, essa forma de sexo depende de confiança entre os parceiros sexuais – como acontece em todas as formas voluntárias de sexo.

As pessoas acreditam intensamente que o sucesso dos relacionamentos românticos depende de cada parceiro ser confiável e estabelecer um relacionamento de confiança (Fletcher, Simpson, Thomas, & Giles, 1999). O propósito deste capítulo é abordar se a confiança é essencial para a sexualidade humana e os relacionamentos românticos e, se for, qual papel desempenha neles. Deve ficar aparente durante a cobertura do material que existem muitos *tons* de confiança nos relacionamentos românticos, conforme revelado pela pesquisa sobre o assunto.

## A QUALIDADE DO APEGO INFANTIL DESEMPENHA UM PAPEL NOS RELACIONAMENTOS ROMÂNTICOS ADULTOS?

Acredita-se que a qualidade do apego durante a infância forneça a base social-cognitiva para os estilos de apego romântico durante a idade adulta. Embora essa proposição seja controversa, a qualidade dos estilos de apego romântico dos adultos parece ter consequências para os relacionamentos românticos. Segundo as classificações de apego, uma pessoa com um estilo de apego romântico seguro tende a demonstrar disponibilidade para se tornar próxima e confiar nos outros, enquanto uma pessoa com um estilo de apego romântico ansioso (inseguro) tende tanto a buscar quanto a evitar os relacionamentos próximos. Por fim, uma pessoa com um estilo de apego romântico evitativo (inseguro) tende a evitar relacionamentos próximos e desconfiar de parceiros românticos.

Os estudos mostram que indivíduos com um estilo romântico seguro têm os relacionamentos românticos mais duradouros, enquanto adultos com estilo de apego romântico ansioso têm os relacionamentos românticos mais curtos (Feeney & Noller, 1990; Kirkpatrick & Davis, 1994). Kirkpatrick e Davis (1994) descobriram, porém, que havia relacionamentos estáveis de casais em que as mulheres tinham um estilo de apego ansioso e os homens tinham um estilo de apego romântico evitativo. Segundo os pesquisadores, esses casais tinham relacionamentos estáveis porque se adaptavam a papéis sexuais convencionais (isto é, mulheres femininas ansiosas e homens masculinos desapegados).

A confiança é considerada um componente crucial da qualidade do apego dos relacionamentos. As pessoas que têm um estilo de apego romântico seguro tendem a confiar em seus parceiros românticos (por exemplo, Mikulincer, 1998); a ter a confiança de seus parceiros românticos (Collins & Read, 1990); a manter a confiança durante o curso dos relacionamentos românticos (Keelan, Dion, & Dion, 1994); e a lidar positivamente com violações de confiança, como conversar sobre essas violações com um parceiro romântico (Mikulincer, 1998). Em relação à sexualidade humana, Birnie-Porter e Hunt (2015) descobriram que ter um estilo de apego romântico evitativo estava negativamente associado com a satisfação sexual em pessoas em namoros sérios, comprometidas e casadas.

## EXISTEM OUTROS MODELOS DE CONFIANÇA NOS RELACIONAMENTOS ROMÂNTICOS?

A abordagem da fé romântica à confiança nos relacionamentos foi desenvolvida por Rempel e colegas (ver o Capítulo 1). A abordagem da fé romântica sugere que a confiança nos relacionamentos românticos é composta pelos seguintes elementos: (1) previsibilidade, que abarca expectativas de disposições estáveis (honestidade e cuidado) a partir de interações passadas; (2) confiabilidade, que compreende a disponibilidade de se colocar em risco fazendo revelações íntimas e confiando nas promessas de outra pessoa; e (3) fé, que abrange sentimentos de confiança e de segurança nas respostas de cuidado do parceiro e na força do relacionamento. As pesquisas mostram que essas formas de confiança emergem nessa ordem conforme os relacionamentos se desenvolvem. Também foi descoberto que o incentivo dos parceiros românticos à confiança dos tipos confiabilidade e fé em seus relacionamentos românticos estava associado com sentimentos de amor e com o relato de que os parceiros tinham motivos intrínsecos no relacionamento (isto é, motivos para garantir a satisfação mútua e a preocupação empática). Esses pesquisadores descobriram que os parceiros românticos que têm confiança romântica elevada tendiam a consistentemente fazer afirmações positivas sobre o papel causal de seus parceiros no relacionamento (Rempel, Ross, & Holmes, 2001).

## REALMENTE, QUANDO UM NÃO QUER, DOIS NÃO FAZEM!

Os pesquisadores têm enfatizado que a confiança entre os parceiros românticos é um processo diádico. Murray e Holmes (2009) propõem um modelo de responsividade mútua em relacionamentos românticos que envolve discernir a extensão em que o outro é egoísta e, portanto, se ele aceitará ou rejeitará as necessidades de um parceiro. Essas percepções, por sua vez, afetam a avaliação de risco (e confiança) do parceiro e a motivação dele para estar conectado em vez de ser autoprotetor no relacionamento. O modelo esboça as relações a seguir. Quando surge o conflito de interesses (ou seja, as metas dos parceiros são conflitantes), então as percepções de confiança no relacionamento romântico são afetadas pela responsividade mútua dos parceiros e pela interdependência entre eles, e também pela predisposição de cada parceiro para mostrar confiança (crônica) no relacionamento romântico.

Em um teste do modelo de responsividade mútua, Shallcross e Simpson (2012) pediram que casais heterossexuais completassem a escala de confiança e fé romântica como uma medida de confiança crônica. Os casais eram envolvidos em discussões em que cada parceiro escolhia uma meta que exigiria que o parceiro fizesse um sacrifício pessoal ou algum tipo de concessão (por exemplo, fazer uma compra cara). Cada participante discutia essa meta com o parceiro. Depois das discussões, os participantes preenchiam uma medida da confiança atual (isto é, confiança no parceiro no momento). No estudo, "perguntante" era o parceiro que fazia a solicitação e "respondente" era o parceiro que a recebia. Em confirmação ao modelo da responsividade mútua, descobriu-se que os parceiros românticos (tanto perguntantes quanto respondentes) com alta confiança romântica crônica tinham maior probabilidade de colaborar com os pedidos e as metas do parceiro e de se ajustar a eles durante as discussões do que os parceiros com baixa confiança romântica crônica.

Além disso, os resultados mostraram que essa estratégia colaborativa/acomodativa promovia a percepção pelo parceiro da confiança atual no relacionamento romântico.

## AS PESSOAS SÃO CONFIÁVEIS EM RELACIONAMENTOS ROMÂNTICOS?

Existem razões para se preocupar com a confiabilidade dos parceiros românticos. O livro *The Normal Bar*, de Northrup, Schwartz e Witte (2013) é revisado no Capítulo 5. Ele mostrou que 33% dos homens e 19% das mulheres admitiam ser infiéis; esse comportamento variava de traições de uma noite a casos frequentes. Da mesma forma, Mark, Janssen e Milhausen (2011) descobriram que 23,2% dos homens e 19,2% das mulheres relatavam ter traído durante o relacionamento romântico. Esses pesquisadores descobriram que a infidelidade estava associada à experiência de infelicidade no relacionamento, à baixa compatibilidade com o parceiro e (apenas para os homens) à insatisfação sexual com o parceiro.

## AS REAÇÕES DAS PESSOAS DIANTE DA TRAIÇÃO SÃO INATAS?

Uma resposta a essa pergunta é fornecida pela teoria da evolução sobre a infidelidade sexual. De acordo com essa teoria, as infidelidades são violações da confiança que representam ameaças ligadas ao gênero para a propagação e a sobrevivência da espécie. Para os homens, a infidelidade é basicamente uma violação da exclusividade das relações sexuais (ou seja, uma violação da exclusividade sexual), porque as infidelidades criam incertezas sobre a paternidade e a ligação genética dos homens com a prole. Para as mulheres, a infidelidade é principalmente uma violação do compromisso emocional (ou seja, infidelidade emocional), porque isso ameaça a extensão em que elas acreditam que o homem fornecerá os recursos necessários para elas e seus filhos (ver Buss, Larsen, Westen, & Semmelroth, 1992). Em apoio à perspectiva evolucionária, Shackelford, Buss e Bennett (2002) descobriram que os homens achavam mais difícil perdoar um parceiro romântico por infidelidade sexual do que emocional.

Por outro lado, as mulheres eram mais propensas a encerrar um relacionamento romântico atual pela infidelidade emocional de um parceiro do que sexual. Na perspectiva evolutiva, as reações à traição sexual são inatas e vinculadas ao gênero.

## O QUE AS PESSOAS PODEM FAZER EM RESPOSTA À TRAIÇÃO E AO ESTRESSE CONJUGAL?

As taxas de infidelidade relatada não são muito reconfortantes para pessoas que desejam um relacionamento romântico monogâmico de longo prazo. Além disso, na contemporaneidade, o estresse e as tensões nos relacionamentos românticos são consideráveis e minam o compromisso dos indivíduos com seus parceiros, a confiança nos motivos de seus parceiros e, em última análise, a confiança em seus parceiros românticos. O que os parceiros românticos devem fazer? Em primeiro lugar, muitos relacionamentos e casamentos sobrevivem à infidelidade (ver Northrup, Schwartz, & Witte, 2013) e, portanto, isso não significa necessariamente o fim de um relacionamento romântico.

O estudo de Hannon, Rusbult, Finkel e Kamashiro (2010) fornece um *insight* sobre como os relacionamentos e os casamentos podem ser mantidos após a traição. Hannon et al. (2010) apontam que prevalece o princípio da retribuição, que atua como um impedimento para a resolução da traição (ou seja, as pessoas querem combater fogo com fogo). Isso deve ser evitado. De acordo com a pesquisa, uma resolução positiva da traição é promovida pela seguinte série de eventos interligados: (1) o autor da traição está disposto a resolver as coisas; (2) ele apresenta um pedido sincero de desculpas pela violação de confiança; (3) a vítima da traição está disposta a perdoar a violação de confiança; e (4) o casal romântico está disposto a trabalhar no sentido de deixar o passado para trás. Esse processo está longe de ser simples (ver Hannon et al., 2010) e é aconselhável recorrer a aconselhamento matrimonial confiável. Em relação às tensões da vida conjugal, seria útil adotar o modelo de responsividade mútua de confiança nos relacionamentos amorosos delineado por Murray e Holmes (2009).

## COMO DETECTAR TRAIÇÕES E MENTIRAS?

Os adultos não são muito bons em detectar mentiras na comunicação dos outros e sua precisão em fazer isso raramente excede o acaso (ver o Capítulo 3). Em resposta a uma traição potencial, os adultos podem recorrer a uma maior vigilância das atividades de um parceiro, a fim de pegá-lo no ato. O valor prático desta estratégia ainda não foi determinado. No entanto, a partir de uma perspectiva psicológica, a vigilância sabota a confiança em um relacionamento romântico porque indica a desconfiança de um parceiro no outro (ver Marshall, Bejanyan, Di Castro, & Lee, 2013).

## RESUMO

O capítulo começou com o livro *Cinquenta tons de cinza* como uma metáfora extrema do papel da confiança nos relacionamentos românticos. Depois revisou os resultados das pesquisas em relação à teoria do apego e à abordagem da fé romântica para os relacionamentos românticos e comparou as duas abordagens. Finalmente, o capítulo examinou a teoria da evolução como um relato das origens da confiança em relacionamentos românticos. Isso culminou em recomendações sobre como as pessoas poderiam lidar com a traição em relacionamentos românticos.

# 6

# CONFIANÇA E SAÚDE: A ESTRADA PARA O BEM-ESTAR?

A experiência de entrar em uma sala de cirurgia destaca a extensão do papel da confiança no tratamento médico. Ali está você – impotente nas mãos dos médicos e da tecnologia. Os seres humanos estão cada vez mais sob o cuidado de profissionais médicos por causa dos avanços na ciência médica e, em consequência disso, vivem mais. Como em muitas facetas da vida das pessoas (ver o Capítulo 1), porém, controvérsias em relação à confiança nos profissionais de saúde emergiram na sociedade contemporânea.

## LEIA TUDO SOBRE ISSO!

Uma chamada em uma revista científica declarou que "A confiança dos estadunidenses nos médicos está diminuindo" (Harding, 2014). A chamada da revista foi baseada, em grande parte, no artigo de Blendon, Benson e Hero (2014). Esses autores revisaram dados históricos de pesquisas sobre a confiança do público nos médicos e nos líderes médicos dos EUA de 1966 a 2014. Os autores também consideraram os resultados de 29 pesquisas realizadas nacionalmente de março de 2011 a abril de 2013 como parte do International Social Survey Programme (ISSP – Programa de pesquisa social internacional). Segundo seu relatório, a confiança do público nos líderes da profissão médica dos Estados Unidos declinou significativamente na segunda metade do século XX; em 1966, 76% dos estadunidenses diziam que tinham grande confiança nos líderes da profissão médica, mas apenas 34% diziam a mesma coisa em 2012. Segundo o artigo, a confiança do público no sistema de saúde dos EUA era, na época, baixa e apenas 23% expressaram muita ou bastante confiança no sistema. No entanto, o relatório afirmava que a confiança atual do público na integridade dos médicos era alta, com 69% classificando a honestidade e os padrões éticos dos médicos em geral como "muito alta" ou "alta". Nesse sentido, cerca de 60% dos estadunidenses adultos concordavam nas pesquisas que, atualmente, "Considerando todos os fatores, os médicos em [seu país] merecem confiança" (p. 1570), embora os adultos em alguns outros países concordassem mais com a afirmação. Os adultos nos EUA estavam muito satisfeitos com a qualidade dos cuidados de saúde que recebiam, ficando em terceiro lugar entre os países em satisfação dos pacientes. Os autores propuseram que o padrão misto de resultados relativos à confiança se devia, em parte, à falta de um sistema de saúde universal nos Estados Unidos.

A confiança dos estadunidenses nos médicos está caindo como o título da revista afirma? Em minha opinião, não! É importante destacar, aqui, os problemas envolvidos em acreditar nas manchetes. A fim de obter uma visão mais exata, é importante ler as fontes primárias – e ler muito cuidadosamente. No entanto, o artigo da revista e a fonte primária atestam os dois problemas a seguir.

Em primeiro lugar, eles demonstram a confusão em relação a qual seja uma medida adequada da confiança nos médicos. O artigo de revista (Harding, 2014) e a publicação de Blendon et al. (2014) incluem uma gama de termos diferentes como "confiança", "credibilidade" e "integridade". Embora tenhamos uma compreensão intuitiva delas, o que essas palavras significam para os participantes das pesquisas? Será que elas avaliam a mesma coisa? A resposta, da minha perspectiva, é que seu significado é incerto e que os termos não são sinônimos. Certamente a satisfação do paciente é separada da confiança nos médicos.

Em segundo lugar, os artigos destacam a estratégia equivocada de confundir a confiança nos médicos com a confiança no sistema médico e a confiança nos líderes no campo da medicina. O tratamento médico é um construto multinível com vínculos complexos entre os líderes no campo da medicina, os sistemas médicos (por exemplo, socializados *vs.* não socializados), os hospitais, os centros de tratamento, os consultores, médicos e enfermeiras em centros de tratamento e os médicos pessoais (ver Pilgrim, Tomasini, & Vassilev, 2010). O papel da confiança no tratamento médico é de fato complexo! Este capítulo vai se concentrar na confiança em médicos e enfermeiros por causa de sua prevalência na pesquisa psicológica, embora exista um domínio mais amplo da confiança médica (por exemplo, líderes, sistemas etc.) que é importante por si só.

## A CONFIANÇA GENERALIZADA NOS OUTROS MELHORA A NOSSA SAÚDE?

As pesquisas têm mostrado que os indivíduos que mantêm confiança generalizada baixa nos outros (ver "Crenças de confiança generalizadas" no Capítulo 1) tendem a viver menos. No estudo de Barefoot et al. (1998), cem adultos (de 44 a 80 anos) foram submetidos a medidas de crenças de confiança generalizada (escala GTB de Rotter), bem-estar psicológico, satisfação na vida e saúde funcional (saúde autoclassificada e atividades cotidianas). A mortalidade foi avaliada 14 anos depois. Os pesquisadores descobriram que crenças de confiança generalizadas baixas estavam associadas com: ajustamento psicológico ruim (em especial, emoções negativas); saúde funcional ruim, tanto simultânea quando prospectivamente; e mortalidade mais precoce, que tende a ser evidente mesmo quando a saúde funcional era controlada estatisticamente. Os autores sugerem que crenças de confiança generalizadas baixas estavam ligadas a taxas de saúde ruim/mortalidade precoce porque essas relações eram o resultado de fatores como falta de apoio social, cinismo, redução da imunidade corporal diante de doenças e falta de disposição para buscar o tratamento médico necessário. Nummela, Raivio e Uutela (2012) encontraram relações similares no sul da Finlândia, mas apenas para os homens.

## A CONFIANÇA DOS ADULTOS NOS PROFISSIONAIS DE SAÚDE PROMOVE A SAÚDE?

Diversos estudos mostram que as crenças de confiança dos adultos nos médicos estão associadas com tratamentos médicos bem-sucedidos. Por exemplo, Thom e colaboradores (Thom, Kravitz, Bell, Krupat, & Azari, 2002; Thom, Ribisl, Stewart, Luke, & The Stanford Trust Study Physicians, 1999) descobriram que as pontuações dos adultos na escala de confiança em médicos (*Trust in Physicians Scale* – TPS) estavam associadas com continuidade autorrelatada com médicos, adesão a medicação, satisfação com médicos, satisfação com cuidados recebidos, intenção de seguir as recomendações dos médicos e melhora de sintomas depois de duas semanas. Relações similares entre confiança de adultos e algumas medidas relacionadas à saúde foram encontradas em estudos que empregaram outras escalas para avaliar as crenças de confiança de adultos nos médicos (ver Birkhäuer et al., 2017).

Os estudiosos têm se preocupado com diferenças raciais no tratamento médico na medida em que afetam a confiança. Em particular, os pesquisadores têm encontrado disparidades raciais no tratamento do HIV (ver Saha, Jacobs, Moore & Beach, 2010). As pessoas negras têm menor probabilidade de receber terapia antirretroviral do que pessoas brancas. Saha et al. (2010) propuseram que a confiança mais baixa nos médicos pelas pessoas negras que pelas pessoas brancas seria responsável pelo tratamento médico inferior da aids. No estudo, 1.327 pacientes (1.104 negros) avaliaram: (a) quanto confiavam nos seus médicos, (b) a sua qualidade de vida, (c) a qualidade da interação entre profissional e paciente, e (d) se tinham recebido antirretroviral (confirmado por registros clínicos). Além disso, as contagens de linfócitos CD4 dos pacientes foram obtidas dos registros clínicos. Os pesquisadores descobriram que, em comparação com as pessoas brancas, as pessoas negras tinham menos confiança em seus médicos, menor probabilidade de receber terapia antirretroviral e menor probabilidade de atingir a supressão viral. Também foi descoberto que a confiança nos médicos estava associada com a adesão à terapia antirretroviral. Os achados mostraram que as pessoas negras que tinham confiança completa em seus médicos eram similares às pessoas brancas na adesão à terapia antirretroviral. Os pesquisadores argumentaram que a disparidade racial entre pessoas negras e brancas no tratamento do HIV é um produto, em parte, da baixa confiança das pessoas negras nos médicos e na resultante falta de adesão à terapia antirretroviral.

## A CONFIANÇA DE CRIANÇAS E ADOLESCENTES NOS PROFISSIONAIS DE SAÚDE PROMOVE A SAÚDE?

Uma resposta a essa questão é fornecida pela pesquisa que meus colegas e eu realizamos sobre a confiança de crianças e adolescentes em médicos e enfermeiros. Orientados pela estrutura BDT, realizamos estudos com crianças (com cerca de 10 anos) para desenvolver a escala geral de confiança de crianças em médicos (*Children's Trust in General Physicians Scale* – CTGPS; Rotenberg et al., 2008) e a escala geral de confiança de crianças em enfermeiros (*Children's Trust in General Nurses Scale* – CTGNS; Rotenberg, Woods, & Betts, 2015). As análises confirmaram que a CTGPS e a CTGNS avaliaram as três bases da confiança: confiabilidade, confiança emocional e honestidade. Como esperado, descobriu-se que as pontuações da CTGPS (em especial a subescala de confiança emocional) estavam associadas com relatos de quanto as crianças confiavam nos médicos e com a adesão de crianças aos regimes médicos prescritos. Esse resultado apoiou o princípio de que a confiança dos médicos promove a adesão. Foi descoberto que as pontuações da CTGNS estavam associadas com a "confiança" das crianças nos enfermeiros, mas não com o "medo". Finalmente, foi descoberto que os resultados da CTGNS estavam associados com os relatos dos pais sobre a frequência com que eles e os filhos iam a centros médicos. Isso apoia a hipótese de que, quanto mais frequentemente as crianças interagiam com enfermeiros, mais confiavam neles. De maneira ampla, os resultados apoiam a conclusão de que a confiança das crianças nos profissionais de saúde (médicos e enfermeiros) promove a saúde física.

## A CONFIANÇA DE UMA PESSOA EM SEU CÔNJUGE PROMOVE A SAÚDE?

Uma resposta a essa questão é fornecida no estudo de Schneider, Konijn, Righetti e Rusbult (2011). Aos 26 anos, indivíduos casados responderam à escala de confiança e fé romântica (*Faith-Romantic Trust Scale*; Rempel et al., 1985; ver o Capítulo 5), a uma escala de saúde física (33 problemas de saúde possíveis) e a uma avaliação de medidas de saúde mental (depressão e ansiedade). Os casais responderam a esses instrumentos durante cinco períodos sucessivos de 6 meses. Foi descoberto que a confiança em um parceiro romântico previa longitudinalmente a saúde autorrelatada, e os resultados apoiaram a conclusão de que a confiança nos cônjuges é uma causa provável de saúde. Além disso, os resultados mostraram que essa relação era mediada pela saúde mental (ansiedade e depressão baixas), o que apoiou a conclusão de que a confiança provocava saúde, em parte porque promovia saúde mental.

## QUE PAPEL A CONFIANÇA DESEMPENHA NOS DISTÚRBIOS ALIMENTARES?

A obesidade é considerada uma epidemia no Reino Unido e nos Estados Unidos, e também ao redor do mundo (Hruby & Hu, 2015). Um problema menos prevalente, mas ainda assim grave são os distúrbios alimentares, como anorexia nervosa, bulimia nervosa e distúrbios de compulsão alimentar. A anorexia nervosa é diagnosticada, em parte, por um índice de massa corporal inferior a 85% e por restrição grave e seletiva da ingestão alimentar. A bulimia nervosa é diagnosticada, em parte, por tentativas de restringir a ingestão alimentar pontuadas por repetidas compulsões e vômito autoinduzido. Aos 20 anos, 15% das mulheres têm um desses três distúrbios alimentares (Stice, Marti, & Rohde, 2013). No caso dos homens, a porcentagem é cerca de metade disso.

Todos os tipos de transtornos alimentares representam riscos para a saúde física e mental. A obesidade aumenta o risco de doenças cardíacas e diabetes (Yan et al., 2004) e de problemas psicológicos, como depressão (Papadopoulos & Brennan, 2015). Estudos mostram que pessoas com anorexia nervosa, bulimia nervosa e transtornos de compulsão alimentar tendem a ter problemas psicológicos (por exemplo, depressão, solidão) e tendências suicidas (Fairburn & Harrison, 2003).

Meus colegas e eu examinamos o papel da confiança nos transtornos alimentares e na saúde como parte da síndrome de isolamento social (*Social Withdrawal Syndrome* – SWS). A SWS compreende um padrão coerente de crenças de confiança baixas nos outros, pouca abertura aos outros e solidão aumentada. Em um estudo, descobrimos que os sintomas da bulimia em adultos jovens estavam associados a crenças de confiança baixas em outras pessoas próximas (mãe, pai e amigos), relutância em revelar informações pessoais a eles e alta solidão (Rotenberg et al., 2013). Em uma reanálise desses dados usando o Índice de Massa Corporal (IMC), descobrimos que indivíduos obesos também apresentavam o padrão da SWS (Rotenberg, Bharathi, Davies, & Finch, 2017). Em outro estudo, meus colegas e eu descobrimos que as crenças de confiança baixas em outras pessoas próximas (mãe, pai e amigos) no início da adolescência (11 a 12 anos) previam um aumento em seus sintomas de bulimia em um período de 5 meses (Rotenberg & Sangha, 2015). Além disso, descobrimos que essa relação preditiva se devia em parte à relação entre as crenças de confiança baixas e a solidão. No geral, os resultados apoiam a hipótese de que a bulimia nervosa e a obesidade estão associadas à SWS. Além disso, propusemos que, por causa da SWS, as pessoas com transtornos alimentares corriam risco de problemas de saúde psicológica e física. A SWS as fazia reter informações sobre seus problemas alimentares e emocionais diante dos profissionais de saúde, o que diminuía a probabilidade de esses problemas serem tratados.

## EXISTEM CONSEQUÊNCIAS DE CONFIAR DEMAIS NA PROFISSÃO MÉDICA?

Pode-se afirmar que confiar muito nos profissionais médicos torna o indivíduo muito passivo, muito crédulo e tendendo a não se envolver em interações com profissionais de saúde – tudo isso diminuiria a probabilidade de tratamento médico adequado. Essa visão é frequentemente expressa por autores que defendem que educação e informações médicas e de saúde sejam fornecidas aos pacientes a fim de capacitá-los e aumentar suas chances de receber tratamento médico adequado (ver Pilgrim, Tomasini, & Vassilev, 2010). Até o momento, os pesquisadores não relataram relações curvilineares entre crenças de confiança em profissionais de saúde e comportamentos de saúde. Uma abordagem promissora para essa questão reside na implementação de uma aliança de trabalho médico-paciente que envolva empatia, confiança e tomada de decisão compartilhada nas relações médico-paciente. Descobriu-se que a aliança de trabalho médico-paciente está associada a adesão, satisfação e melhores resultados do paciente (ver Fuertes, Toporovsky, Reyes, & Osborne, 2017). Essas descobertas podem ser interpretadas como uma indicação de que alguma combinação da confiança dos pacientes nos médicos e da tomada de decisão compartilhada com os médicos está associada de maneira ideal à saúde.

## RESUMO

Este capítulo revisou as pesquisas que mostram que confiança generalizada, confiança nos profissionais de saúde e confiança nos parceiros românticos estão associadas com a saúde (por exemplo, longevidade e adesão a regimes médicos prescritos). O capítulo abordou as aparentes desigualdades raciais do tratamento de HIV e da confiança nos médicos, além da relação entre distúrbios alimentares e falta de confiança. O capítulo culminou com a descrição de programas de aliança de trabalho médico-paciente como uma mistura importante de confiança e tomada de decisão conjunta no tratamento médico.

# 7

# CONFIANÇA NA POLÍCIA: VOCÊ CONFIA NA POLÍCIA?

Philando Castile, um homem negro de 32 anos, foi baleado em seu carro por um policial de Minnesota. Um vídeo ao vivo do tiroteio foi postado no Facebook pela namorada de Castile, que estava no carro na hora. Castile havia dito ao policial que tinha uma arma de fogo registrada e fez um movimento para pegar a carteira. Os ferimentos provocados pelos tiros resultaram em morte. De acordo com o vídeo, o oficial disse a Castile que não se movesse. Enquanto Castile estava levantando as mãos, o policial o atingiu no braço quatro ou cinco vezes. Esse não é um incidente isolado nos Estados Unidos. O número de estadunidenses mortos pela polícia a cada ano é substancial: foram 807 até o momento em que este capítulo estava sendo escrito[1] e a maioria pertencia a grupos minoritários (ver Guardian News, 2015). Os sites públicos agora documentam os indivíduos nos Estados Unidos que foram mortos pela polícia (por exemplo, http://killedbypolice.net/). As leis agora mudaram e a polícia nos EUA deve relatar trimestralmente essas mortes (ver Guardian News, 2016). Katz (2015) propôs que os assassinatos por policiais nos EUA deveriam ser julgados por órgãos ou grupos independentes do sistema legal atual,

1 Meados de 2016 [N.E.].

como um *ombudsman* da polícia ou um departamento de investigação de assuntos policiais.

Outros acontecimentos mostram como as relações entre polícia e comunidade se tornaram ruins. Em 7 de julho de 2016, no parque Belo Garden, em Dallas, doze policiais foram baleados por dois atiradores: cinco morreram e sete ficaram feridos. O ataque aconteceu depois de um protesto pelas mortes de dois cidadãos negros nas mãos da polícia. Depois disso, foram realizadas marchas nos EUA em protesto aos assassinatos de minorias, em especial homens negros (ver http://edition.cnn.com/2016/07/10/us/black-lives-matter-protests/). A confiança na polícia talvez seja a questão mais controversa nos Estados Unidos atualmente. Há evidências de que esse seja um problema crescente em todo o mundo.

Os acontecimentos mencionados anteriormente destacam a visão de que a confiança do público na polícia é essencial para a manutenção da ordem social. Por exemplo, Tyler e Huo (2002) descobriram que a confiança dos indivíduos nas autoridades legais, como a polícia, estava associada ao compromisso com as decisões e as leis das autoridades. Tem-se argumentado que, sem essa confiança, a sociedade corre o risco de atividades criminosas e má conduta, e a polícia tem dificuldade para realizar as ações de aplicação da lei (Goldsmith, 2005; Sunshine & Tyler, 2003). Nessa situação, ser policial é uma das ocupações mais estressantes na sociedade contemporânea (ver Ortega, Brenner, & Leather, 2007). O trabalho pode se tornar ainda mais estressante.

## A CONFIANÇA NA POLÍCIA É TÃO BAIXA COMO SUGERIDO POR ESSES EVENTOS?

As visões a respeito de quanto o público confia na polícia variam dramaticamente, em especial nos EUA. McNamara (2012) insistiu que a confiança na polícia é muito forte nos EUA. Em contraste, Williams (2010) insistiu que a confiança na polícia nos EUA é baixa – em grande medida por causa da brutalidade policial (como relatado na introdução desse capítulo). Qual é a realidade? Antes de responder a essa questão, vários alertas precisam ser feitos. Primeiro, os pesquisadores de psicologia tendem a não afirmar que as escalas têm valores absolutos. Ao contrário, os pesquisadores consideram as escalas como medidas relativas que permitem comparações (por exemplo, se a confiança é mais baixa ou mais alta). Além disso, uma questão importante é como a confiança é avaliada. Em estudos sobre o tema da confiança do público na polícia, foi pedido às pessoas que fizessem julgamentos únicos em relação a "confiança" e "credibilidade" – que têm significados um pouco incertos. Além disso, os significados desses termos são provavelmente diferentes para os diferentes indivíduos e culturas.

Tendo essas limitações em mente, aqui estão alguns resultados. Uma pesquisa sobre o crime no Reino Unido realizada em 2009-2010 pelo Ministério do Interior relatou que apenas 46% das pessoas que residem no Reino Unido confiam na polícia. Derek Prall (2014) relatou os resultados de uma pesquisa por telefone realizada pela Gallup em que foram amostrados cerca de mil adultos, em geral de países democráticos com alta renda membros da Organização para Cooperação e Desenvolvimento Econômico. A confiança dos estadunidenses na polícia local se situa no meio do grupo de países, com 78% deles relatando que têm confiança na polícia. A confiança na polícia é baixa na América Latina e isso tem sido atribuído às taxas elevadas de criminalidade (especialmente ser uma vítima de um crime) e ao desempenho político e econômico ruim (Corbacho, Philipp, & Ruiz-Vega, 2015; Jamison, 2011). A confiança autorrelatada na polícia é muito baixa na Rússia e isso tem sido atribuído à corrupção – incluindo suborno, tratamento injusto e abuso de poder (Semukhina & Reynolds, 2014).

Uma análise da *European Social Survey* (ESS – Pesquisa social europeia) de 2004 foi realizada por Kääriäinen (2007), que requisitava que os indivíduos avaliassem o quanto confiavam pessoalmente na polícia. A análise de dados de amostras de 16 países mostrou que os quatro países com maior confiança na polícia eram os países nórdicos: Finlândia, Dinamarca, Noruega e Suécia. Os próximos países na classificação de confiança na polícia eram países da Europa Central e Ocidental, como Alemanha, Luxemburgo, Áustria e Reino Unido. Os países com a menor confiança na polícia eram principalmente os países pós-socialistas, como República Tcheca, Polônia e Eslovênia. A pesquisa mostrou que a confiança na polícia estava estatisticamente associada (em ordem decrescente) com corrupção percebida, gastos do PIB com bem-estar social e quão seguras as pessoas se sentiam andando sozinhas em suas áreas locais depois de escurecer. Curiosamente, a confiança na polícia não foi associada de forma apreciável a ser vítima de um roubo. Por fim, constatou-se que a percepção da corrupção explicava primariamente (em termos estatísticos) as diferenças entre os países quanto à confiança na polícia.

## EM QUE EXTENSÃO A POLÍCIA É CORRUPTA?

Um *insight* sobre essa questão é fornecido por Porter e Warrender (2009), que codificaram 50 casos de registros de criminalidade pela polícia. As análises geraram três tipos de comportamento desviante na polícia: (a) crime policial, (b) má conduta com causa nobre e (c) corrupção. Os pesquisadores relataram que o crime policial geralmente envolvia policiais que cometiam proativamente crimes isolados. O ganho pessoal era o motivo mais frequente. Como os autores observaram, dados objetivos sobre corrupção são difíceis de obter em virtude do acesso limitado a essas informações proveniente da relutância de autoridades legais e policiais em relatar o desvio de outros policiais. Outros pesquisadores identificaram o que foi chamado de "código de silêncio", que envolve a relutância dos policiais em relatar atividades criminosas de outros policiais (Ivković, Peacock, & Haberfeld, 2016).

## E A JUSTIÇA E A CONFIANÇA?

Tyler e colaboradores (por exemplo, Tyler, 2015; Sunshine & Tyler, 2003) examinaram a confiança na polícia em relação à justiça processual e à legitimidade. "Justiça processual" se refere à extensão em que se acredita que a polícia toma decisões e exerce sua autoridade de maneira justa. "Legitimidade" corresponde à confiança na autoridade da polícia. De acordo com essa abordagem, as pessoas aceitam as decisões e as ações legais da polícia (e dos tribunais) quando essas decisões e ações são vistas como justas e legítimas. Por exemplo, Tyler e colaboradores (2001) descobriram que as percepções de confiança na polícia (e nos tribunais) por parte de grupos estadunidenses majoritários e minoritários estão associadas a suas percepções de justiça processual, que incluem ser tratado com justiça pela polícia.

Outros estudos examinaram as relações entre confiança e justiça processual na organização policial. Sholihin e Pike (2010) descobriram que a confiança dos policiais em seus supervisores (por exemplo, sentir-se à vontade para discutir assuntos com o supervisor) estava associada a percepções de justiça processual e seu compromisso com a força policial. Além disso, descobriu-se que a relação entre justiça processual e compromisso era mediada pela confiança dos policiais em seus supervisores. Os pesquisadores argumentaram que a confiança dos policiais em seus superiores afetava seu compromisso com a força policial e era responsável (em parte) pela relação entre a justiça processual percebida da força policial e o compromisso com a força policial.

## EXISTEM VIESES RACIAIS NA CONFIANÇA DO PÚBLICO NA POLÍCIA?

Vários estudos mostraram que a confiança na polícia nos Estados Unidos está associada à raça. As minorias (principalmente os negros) mostram menos confiança na polícia que as maiorias (por exemplo, MacDonald & Stokes, 2006; Thompson & Kahn, 2016). Por exemplo, MacDonald e Stokes (2006) usaram os dados coletados pela *Social Capital Benchmark Survey* (Pesquisa de referência de capital social), que foi uma pesquisa nacional por telefone realizada por meio da discagem de dígitos aleatórios de 3.003 residentes nos Estados Unidos. Os participantes completaram uma avaliação de 3 pontos de sua confiança na polícia local, que incluiu itens que avaliavam a confiança e o engajamento cívico nas comunidades (incluindo a confiança autorrelatada nos vizinhos) e medidas demográficas (por exemplo, raça, renda e idade). Os pesquisadores descobriram que a confiança autorrelatada na polícia estava positivamente associada a capital social, idade e renda. Os cidadãos negros relataram menor confiança na polícia que os brancos e a raça foi o indicador estatístico mais forte dessa confiança, em comparação com as outras variáveis. As descobertas dão suporte à abordagem do capital social para a confiança (ver o Capítulo 1). Um relato dos vieses raciais na confiança na polícia é apresentado por

Tyler (2001) como parte da abordagem de justiça processual. Suas descobertas apoiaram a conclusão de que as diferenças raciais observadas na confiança na polícia são o resultado de as pessoas negras considerarem o seu tratamento pela polícia (e pelos tribunais) comparativamente injusto.

## OS POLICIAIS TÊM UM VIÉS RACIAL AO DESEMPENHAR SUAS FUNÇÕES?

As pesquisas usando a tarefa de atirador produzem algumas evidências de vieses raciais. Na tarefa de atirador, os indivíduos são incumbidos de usar uma arma de fogo para lidar com o autor de um crime. Os indivíduos veem imagens de pessoas negras e brancas (potenciais perpetradores) segurando uma arma ou um objeto neutro (por exemplo, um telefone celular). Os indivíduos têm menos de um segundo para decidir se atiram ou não no alvo. Uma metanálise de Mekawi e Bresin (2015) mostrou que os indivíduos são mais rápidos para atirar em alvos negros armados, mais lentos para não atirar em alvos negros desarmados e têm um limite mais liberal para atirar em alvos negros. A metanálise revelou que os vieses manifestos no tiro foram encontrados em policiais, membros da comunidade e alunos de graduação. De acordo com esses estudos, a polícia (bem como outras pessoas) tem vieses raciais ao atirar em suspeitos em potencial.

Alguns autores expressaram preocupações sobre a confiabilidade dos efeitos desse viés racial de atiradores. Correll, Hudson, Guillermo e Ma (2014) não conseguiram encontrar esses vieses de atirador em policiais em algumas medidas. Esses pesquisadores destacam a importância de identificar fatores que reduzam a probabilidade de os policiais demonstrarem o viés do atirador e ajudar os policiais a adotar estratégias para controlar a atenção dada a pistas irrelevantes em suas funções policiais.

Finalmente, dados de grandes cidades como Nova York indicam que os cidadãos negros são desproporcionalmente vítimas de má conduta policial (ver Katz, 2015). É difícil tirar conclusões simples e definitivas a respeito dos vieses raciais no policiamento. É importante estar atento à complexidade moral e social da situação. Em particular, as relações e os padrões observados estão enredados nas dinâmicas do aplicador da lei e do potencial perpetrador do crime (eles são recíprocos) e na retórica emocional sobre as relações entre os cidadãos minoritários e a força policial.

## QUAIS SÃO AS CONSEQUÊNCIAS DA CONFIANÇA DOS POLICIAIS NA POLÍCIA?

A estrutura BDT é uma forma útil de avaliar as crenças de confiança na polícia, pois permite julgamentos explícitos sobre a confiabilidade da polícia como parte de seus deveres. Isso inclui a promessa de fornecer proteção aos cidadãos (confiança baseada na confiabilidade), a manutenção da confidencialidade das informações pessoais da testemunha (confiança emocional), e o relato preciso de eventos criminais (confiança baseada na honestidade). Meus colegas e eu (Rotenberg, Harrison, & Reeves, 2016) desenvolvemos uma escala de crenças de confiança na polícia orientada pela estrutura BDT. Os indivíduos são apresentados a breves vinhetas que retratam o potencial dos policiais em demonstrar confiabilidade, confiança emocional e comportamentos honestos como parte de suas funções normais. Os indivíduos julgam a probabilidade (expectativa) de que os policiais se envolvam nesses comportamentos. Em virtude da especificidade e da concretude dos itens nessas escalas, eles são menos suscetíveis aos problemas de generalidade, abstração e desejo social enfrentados pelo uso de outras medidas de confiança na polícia.

Meus colegas e eu (Rotenberg et al., 2016) usamos uma escala de crenças de confiança na polícia (*Trust Beliefs in Police* – TBP) para investigar as crenças de confiança dos policiais na polícia. No estudo, os policiais preencheram a escala TBP a partir de sua perspectiva como uma medida de suas crenças de confiança pessoal na polícia. Eles também completaram a escala TBP a partir da perspectiva da comunidade como uma medida das crenças de confiança atribuídas pelo público à polícia. As escalas TBP produziram medidas de três tipos de crenças de confiança (de acordo com a estrutura BDT): confiabilidade, confiança emocional e honestidade. Os policiais também receberam medidas padronizadas de bem-estar psicológico e estresse no local de trabalho. Verificou-se que os policiais tinham crenças de confiança baseadas na honestidade pessoal e emocionais mais elevadas na polícia do que atribuíam ao público.

Especificamente, em comparação com suas crenças pessoais, os policiais relataram que a comunidade acreditava menos que a polícia se absteria de causar danos emocionais e demonstraria honestidade. Além disso, as crenças de confiança pessoal baseadas na confiabilidade dos policiais na polícia estavam positivamente associadas ao bem-estar psicológico e negativamente associadas ao estresse no local de trabalho. Por fim, as crenças de confiança emocionais na polícia atribuídas ao público pelos policiais estavam positivamente associadas com o bem-estar psicológico deles e tendiam a estar negativamente associadas ao estresse no local de trabalho. Os resultados confirmaram que as crenças de confiança dos policiais na polícia estão associadas ao bem-estar psicológico deles e ao baixo estresse no local de trabalho.

## RESUMO

O capítulo revisou as questões controversas em relação a tiroteios policiais e as pesquisas sobre a confiança na polícia ser alta ou baixa. Também analisou as pesquisas sobre corrupção na polícia, viés racial pela polícia, justiça e confiança processual e vieses raciais na confiança das pessoas na polícia. O capítulo culminou na pesquisa que mostra que a confiança dos policiais na polícia está associada com o bem-estar psicológico e o baixo estresse.

# 8

# CONFIANÇA NO AMBIENTE DE TRABALHO: AS FACETAS INVISÍVEIS E VISÍVEIS DA CONFIANÇA

Um *insight* incomum do papel que a confiança desempenha nas organizações é fornecida pela pantomima. A pantomima é um tipo de produção teatral de comédia musical projetado para o entretenimento familiar no Reino Unido. Normalmente, há uma luta entre o bem e o mal, com os heróis salvando o dia. Um herói é uma dama que é um homem vestido de mulher. Em um ponto da pantomima, os heróis ficam de pé ou se sentam em uma fileira voltada para o público. O vilão corre atrás deles e, depois, sai do palco para os bastidores. O público, que normalmente inclui crianças, diz "Ele está atrás de você", ao que um dos heróis diz: "Não, ele não está". O vilão faz isso de novo. O herói olha em volta e diz que não pode vê-lo e onde ele está? – depois disso o vilão volta. Essa sequência é repetida várias vezes. Esse cenário é central para a comédia da pantomima e representa a interação entre o público e os heróis, ajudando-os a lidar com uma ameaça invisível e o mal. Esse cenário bastante estranho diz respeito à confiança dentro das organizações simplesmente porque alguns comportamentos dentro de uma organização são atos enganadores invisíveis e desconhecidos. Esses atos podem ter um efeito profundo na confiança e no bem-estar de um funcionário. Outras pessoas no local de trabalho podem observar esses atos enganadores (semelhante ao público da pantomima), mas, ao contrário da pantomima, podem ou não estar dispostas a compartilhar essas observações com o funcionário.

Antes de avançar neste tópico, deve-se destacar que a maior parte da teoria e da pesquisa sobre confiança nas organizações é guiada pelo princípio de que a confiança de um funcionário dentro do local de trabalho contribui para o seu ajustamento psicológico e o seu desempenho no local de trabalho, bem como para o sucesso do empregador e da organização (por exemplo, Cook & Wall, 1980; Paillé, Bourdeau, & Galois, 2010). Essa é uma das premissas norteadoras das investigações sobre o tema.

## A MÃO INVISÍVEL!

O papel da mão invisível na confiança no local de trabalho é mostrado por um estudo de Baron e Neuman (1996). A pesquisa foi orientada pelo princípio de que os indivíduos são propensos a se envolver naqueles comportamentos agressivos que são eficazes para ferir a vítima enquanto incorrem no mínimo de perigo possível para si próprios. Esperava-se que muitas agressões no ambiente de trabalho fossem encobertas, disfarçando a identidade do agressor e deixando a vítima em dúvida a respeito de o dano sofrido ter sido intencional. Esperava-se então que os indivíduos no local de trabalho estivessem inclinados a se envolver em agressões que fossem verbais (por exemplo, dano por palavras ao invés de ações), passivas (por exemplo, dano pela retençao de alguma ação) e indiretas (por exemplo, causar danos por meio de outros agentes). Dessa forma, os indivíduos estariam menos inclinados a se envolver em agressões no local de trabalho que fossem físicas (por exemplo, dano por atos), ativas (por exemplo, prejudicando ao realizar o comportamento) e diretas (dano infligido diretamente à vítima).

No estudo, 78 funcionários de organizações públicas e privadas relataram a frequência com que presenciavam e vivenciavam pessoalmente diversos tipos de agressão. Como seria de esperar, a agressão verbal era mais frequente que a agressão física e a passiva era mais frequente que as formas ativas de agressão. Contrariando as expectativas, porém, a agressão direta era mais frequente que a indireta. O padrão de descobertas foi o mesmo para agressões experimentadas e agressões testemunhadas. Os resultados apoiam a conclusão de que os funcionários no local de trabalho são propensos a se envolver em alguns comportamentos agressivos encobertos, na medida em que tendem a ser verbais e passivos. Os autores especulam que a agressão direta pode valer mais como ação que a agressão indireta porque a primeira causa mais danos à vítima.

Como suporte adicional para suas hipóteses, Baron, Neuman e Geddes (1999) descobriram em outro estudo que funcionários de organizações empresariais relatavam mais incidentes de comportamento encoberto do que abertamente agressivo no local de trabalho. Esses comportamentos agressivos estavam associados à percepção de injustiça do funcionário em suas relações com os supervisores. Finalmente, verificou-se que os funcionários tinham maior probabilidade de agredir um colega de trabalho ou seu supervisor imediato do que os subordinados e a organização.

Do ponto de vista da estrutura BDT (ver o Capítulo 1), é importante notar que os funcionários relataram os seguintes comportamentos agressivos no local de trabalho: não negar boatos falsos sobre o alvo (verbal-passivo-indireto); espalhar boatos falsos sobre o alvo (verbal-ativo-indireto); depreciar as opiniões de alguém para outros (verbal-ativo-indireto); deixar de tomar medidas que protejam o bem-estar ou a segurança do alvo (físico-passivo-indireto); e reduzir as oportunidades dos outros de se expressarem, como agendá-los no final de uma sessão para que eles não tenham sua vez (físico-passivo-direto). De acordo com a estrutura BDT, esses tipos de agressão são comportamentos indignos de confiança (violação de promessas, violação da confidencialidade e desonestidade) que minariam as crenças de confiança no ambiente de trabalho. O local de trabalho pode muito bem ser um lugar perigoso. Se a pergunta da pantomima fosse colocada no local de trabalho, a resposta seria: "Sim, ele está atrás de você".

## VULNERABILIDADE AO RISCO: UMA MÃO VISTA!

As teorias de troca social e pesquisas relacionadas examinam comportamentos observáveis ou observados dentro das organizações (ver o Capítulo 1). Mayer, Davis e Schoorman (1995) definiram a confiança dentro das organizações como

> A disposição de uma parte de ficar vulnerável às ações de outra parte com base na expectativa de que a outra parte realize uma ação específica importante para o depositário, independentemente da capacidade de monitorar ou controlar a outra parte. (p. 712)

De acordo com esse modelo conceitual, a confiança e a ação confiante de uma parte no ambiente de trabalho são resultado de sua propensão a confiar (por exemplo, predisposição para acreditar que os outros cumprem promessas) e da confiabilidade percebida da outra parte (capacidade, benevolência e integridade). A capacidade percebida compreende as percepções de habilidades, competências e conhecimentos da outra parte em determinado domínio. A benevolência percebida compreende a extensão em que se acredita que a outra parte esteja envolvida em ações destinadas a beneficiar a parte em questão (ou seja, fazer o bem a ela). Por fim, a integridade percebida compreende a percepção de que a outra parte adere a um conjunto de princípios aceitáveis, como a demonstração de comunicações confiáveis e um forte senso de justiça, e a manifestação de palavras em ações. A confiança da parte é sua disposição de ser vulnerável ao risco no local de trabalho, o que é demonstrado, em última instância, pelo envolvimento na ação confiante de assumir esse risco em determinado contexto de negócios. Em uma revisão subsequente dessa abordagem, Schoorman, Mayer e Davis (2007) propuseram que a confiança envolve a disposição recíproca de duas partes de serem vulneráveis, embora não de maneira uniforme (ou seja, trocas líder-membro).

Evidências que apoiam a abordagem da vulnerabilidade ao risco para a confiança no local de trabalho se acumularam. Por exemplo, Tan e Lim (2009) testaram 126 agentes de seguros de 14 agências. Os resultados confirmaram que os três atributos de confiabilidade dos colegas de trabalho (capacidade, benevolência e integridade) previam estatisticamente a confiança do funcionário em seus colegas de trabalho. Além disso, verificou-se que essa confiança previa estatisticamente o comprometimento dos funcionários com a organização e o desempenho no local de trabalho. Essa abordagem recebeu mais apoio de estudos longitudinais. Ferrin, Bligh e Kohles (2008) descobriram que existem relações recíprocas entre a confiança percebida e a cooperação entre colegas de trabalho, que formaram uma espiral ao longo do tempo.

Os pesquisadores testaram as implicações da conceitualização de vulnerabilidade ao risco para as relações entre gerentes e trabalhadores. Em algo que se assemelhou a um experimento, Mayer e Davis (1999) investigaram as diferenças entre grupos naturais de funcionários de uma pequena empresa de manufatura de plásticos não sindicalizada no meio-oeste dos Estados Unidos. Os funcionários receberam três ondas de pesquisas durante um período de 14 meses. No período, foi implantado um novo sistema de avaliação de colaboradores. O sistema envolvia uma reunião entre supervisor e funcionário para reconciliar suas avaliações, com os supervisores especificando ao trabalhador os comportamentos e os resultados esperados e desejados no emprego (ou seja, uma estratégia transparente). No decorrer do estudo, alguns funcionários (participantes) foram avaliados no novo sistema e outros não. Os funcionários relataram em escalas padronizadas as suas percepções sobre a confiabilidade da administração (habilidade, benevolência e integridade) e a confiança na administração. Finalmente, os funcionários relataram a precisão da avaliação dos supervisores sobre eles (precisão percebida) e sua crença de que o desempenho levaria aos resultados organizacionais desejados, como aumentos e promoções (instrumentalidade).

Em apoio à conceituação da vulnerabilidade ao risco, os pesquisadores descobriram que havia associações entre a confiabilidade percebida (habilidade, benevolência, integridade) dos gerentes, a confiança nos gerentes, a precisão percebida e a instrumentalidade. Além disso, descobriu-se que os funcionários que passaram pela mudança para o novo sistema de gestão mostravam aumentos ao longo do tempo na confiabilidade percebida dos gerentes, na confiança nos gerentes, na precisão percebida e na instrumentalidade. Esses aumentos não foram mostrados pelos funcionários que não passaram pela mudança para o novo sistema de gestão. O estudo apoia a noção de que o uso de estratégias de gestão transparentes pode promover a confiança dos funcionários na confiabilidade de seus gerentes e a confiança neles, o que, por sua vez, aumenta sua confiança de que a promoção estaria ligada ao bom desempenho no trabalho.

## JUSTIÇA: OUTRA MÃO VISTA!

Uma linha de pesquisa de intercâmbio social enfatiza o papel que a justiça desempenha na confiança dentro das organizações. Nesta linha de investigação, os pesquisadores distinguiram entre justiça distributiva, representando a justiça percebida dos resultados; justiça processual, representando o processo pelo qual as alocações eram feitas; e justiça interacional, representando o processo de comunicação, como polidez, honestidade e respeito (ver Cohen-Charash & Spector, 2001). A metanálise de 190 estudos de Cohen-Charash e Spector (2001) mostrou que a confiança dos trabalhadores na organização estava substancialmente associada à percepção de justiça processual, justiça distributiva e justiça interacional. Além disso, a metanálise mostrou que a confiança nos supervisores estava fortemente associada à percepção de justiça processual e justiça distributiva.

Os pesquisadores aplicaram o princípio da percepção de justiça à confiança dentro da organização policial (ver o Capítulo 7). Trinkner, Tyler e Goff (2016) descobriram que os policiais que viam seus supervisores e colegas de trabalho como justos em relação a procedimentos também relatavam maior confiança em seus supervisores e mais sentimentos de obrigação de obedecê-los. Para colocar isso em perspectiva, os policiais que viam seus supervisores e colegas de trabalho como injustos em relação a procedimentos mostravam angústia psicológica e emocional, cinismo e desconfiança elevados — em relação ao mundo em geral e às comunidades a que serviam.

## RESUMO

O capítulo examinou as facetas invisíveis e visíveis da confiança no local de trabalho. As facetas invisíveis da confiança no local de trabalho foram descritas a partir dos estudos de Baron e colaboradores e interpretadas a partir da estrutura BDT. As facetas visíveis da confiança no local de trabalho foram abordadas pela teoria e pela pesquisa sobre o intercâmbio social e a justiça processual.

# 9

## CONFIANÇA E POLÍTICA: AS ROUPAS NÃO MUITO NOVAS DO IMPERADOR

"As roupas novas do imperador", uma história de Hans Christian Andersen escrita em 1837, é sobre um imperador vaidoso que se preocupava apenas em vestir e exibir roupas. Na história, dois tecelões produzem para o imperador o que dizem ser o melhor e mais fino traje feito de um tecido invisível para qualquer pessoa inadequada para sua posição ou irremediavelmente estúpida. As roupas são inexistentes, mas o imperador as usa com medo de ser considerado impróprio para sua posição ou estúpido. Os ministros do imperador fingem ver as roupas novas pelo mesmo motivo. O imperador veste suas roupas novas em procissão pela cidade diante de seus súditos, que concordam com o fingimento porque também não querem parecer inadequados ou estúpidos. Durante a procissão, uma criança ingênua no meio da multidão deixa escapar que o imperador não está vestindo nada – o que é então assumido por outros na multidão. Embora o imperador pense que a afirmação é verdadeira, ele continua a procissão. A história foi transformada em peça e filme, para o deleite de muitas gerações.

Em sua simplicidade, a história da roupa nova do imperador retrata um líder que está enganado. O engano é perpetuado por ele, seus ministros e as pessoas da cidade para o bem de sua autoestima e seu respeito público. O engano consensual é desafiado por uma criança, que é ingênua às pressões da sociedade. A história pode ser considerada uma metáfora para a liderança política e o poder político em tempos contemporâneos. Os líderes políticos colaboram com seus ministros em políticas enganosas que, por meio da comunicação social, conseguem a aceitação consensual dos cidadãos. A veracidade dessas comunicações e ações pode ser contestada por partidos políticos oponentes e pela mídia vigilante – a criança metafórica. Será que "As roupas (agora não tão) novas do imperador" é uma descrição precisa da política e do governo nos tempos contemporâneos? Ela representa uma visão muito cínica da política da mentira – um cinismo político presumivelmente mostrado na Austrália e nos Estados Unidos (ver Leigh, 2002).

## A QUEDA DA DEMOCRACIA?

Costuma-se afirmar que algum grau de cinismo político é necessário para a saúde política, mas uma ampla gama de autores acredita que uma confiança fundamental nos políticos e no governo é necessária para que a democracia funcione (ver Warren, 1999, 2004). A falta de confiança no governo dos cidadãos de democracias prejudica a participação no processo político e a adesão às políticas governamentais (ver Garen & Clark, 2015). A confiança no governo tem sido vista como capital social, que promove o envolvimento político das pessoas, entre outras formas de atividades cívicas (ver o Capítulo 1). O objetivo deste capítulo é revisar a pesquisa psicológica, bem como outras fontes, a respeito dos fatores que afetam a confiança dos cidadãos nos políticos e no governo e das consequências dessa confiança.

A confiança em políticos/governo é multinível. Essa questão pode ser descrita, em parte, pelas duas dimensões-alvo da estrutura BDT (ver o Capítulo 1). Isso inclui especificidade, que varia de específico a geral, e familiaridade, que varia de pouco familiar a muito familiar. Por exemplo, alguns estudiosos políticos concluíram que a confiança dos cidadãos no Congresso está em baixa, mas a confiança dos cidadãos em seu próprio congressista é bastante forte (Fisher, van Heerde, & Tucker, 2010). A confiança nos líderes (por exemplo, um presidente ou primeiro-ministro) é convencionalmente diferente da confiança em membros individuais do mesmo partido político e do partido político do líder (ver Rotenberg, 2016). Outros pesquisadores descobriram que a confiança das pessoas na natureza do governo (ou seja, como uma democracia) é diferente da confiança das pessoas em um governo existente (por exemplo, Schiffman, Thelen, & Sherman, 2010). O alvo da confiança é uma consideração importante.

Outros pesquisadores propuseram que existem diferentes formas ou tipos de confiança. Por exemplo, Fisher, van Heerde e Tucker (2010) propuseram que existem três tipos diferentes de confiança: confiança estratégica, confiança moral e confiança deliberativa. Esses pesquisadores testaram suas hipóteses usando os dados coletados pela pesquisa online semanal *British Omnibus* do portal YouGov (n = 1.753; julho de 2007) e do painel de monitoramento contínuo sobre o comportamento eleitoral britânico *British Election Study* (n = 1.018; março de 2009). A pesquisa incluía 13 perguntas destinadas a avaliar cada tipo de julgamento de confiança, incluindo: em geral, os políticos cumprem suas promessas (confiança estratégica); os políticos compartilham os mesmos objetivos e valores que eu (confiança moral); e os partidos representam apoiadores, não financiadores (confiança deliberativa). Os participantes relataram quanta confiança eles tinham em partidos e políticos em uma escala de 11 pontos. Em apoio às suas formulações, os pesquisadores descobriram que os itens que avaliavam cada um dos diferentes tipos de confiança (conforme identificados anteriormente) previam estatisticamente a classificação dos indivíduos sobre o quanto eles confiavam no governo.

## A CONFIANÇA NO GOVERNO AFETA O COMPORTAMENTO DOS CIDADÃOS EM PAÍSES DEMOCRÁTICOS?

Para responder a essa questão, Martin (2010) utilizou dados recolhidos pelo *Australian Election Study*, um estudo sobre o comportamento eleitoral australiano, de 2007. Foram administradas escalas que avaliam a confiança dos cidadãos no governo. A maioria do público expressou uma atitude pouco confiável em relação ao governo, com 58% dos entrevistados dizendo que os membros do governo geralmente ou às vezes cuidavam dos próprios interesses. Em contraste, apenas 43% do público concordava que geralmente ou às vezes se podia confiar no governo para fazer a coisa certa. Finalmente, apenas 15% dos entrevistados expressavam a atitude mais confiante (ou seja, que geralmente se podia confiar no governo para fazer a coisa certa). As descobertas foram interpretadas como cinismo político do público australiano. Verificou-se, porém, que a medida de confiança nos políticos estava positivamente associada com atitudes positivas em relação à democracia, positivamente associada com o voto quando não é obrigatório, e negativamente associada com a expressão da frustração por meio de formas desafiadoras de atividades (por exemplo, participar de protestos). Os resultados apoiam a alegação de que a confiança no governo contribui para a democracia.

## FOI A MELHOR ÉPOCA, FOI A PIOR ÉPOCA! (GERALMENTE O ÚLTIMO)

Há evidências que indicam que a confiança política vem diminuindo desde meados da década de 1960 em muitos países democráticos (Blind, 2007). Cheng, Bynner, Wiggins e Schoon (2012) propuseram que esse declínio é um fenômeno global. Evidências sobre as mudanças na confiança política e os fatores que a afetam foram encontradas em um estudo de Hetherington e Rudolph (2008). Esses pesquisadores realizaram uma análise de séries temporais, de 1976 a 2006, sobre os fatores que afetavam a confiança política nos Estados Unidos. A confiança no governo foi avaliada por relatos de indivíduos dizendo que "o governo em Washington fará o que é certo". No geral, os pesquisadores relataram que a confiança no governo diminuiu com o tempo. Verificou-se, entretanto, que a confiança política aumentava quando o público enxergava as questões internacionais como vitais (por exemplo, terrorismo, segurança nacional, guerra e Oriente Médio). Além disso, descobriu-se que a confiança política diminuía quando o público pensava que havia problemas com a economia (ou seja, um período de depressão). Descobriu-se que os efeitos da preocupação econômica resultam em assimetria, na medida em que relativamente poucas pessoas consideram a economia boa, mesmo em tempos bons. De acordo com os autores, os efeitos positivos de uma boa economia sobre a confiança política foram relativamente fracos e, portanto, não conseguiram compensar os efeitos das más economias, o que resultou no declínio da confiança dos cidadãos no governo. As descobertas podem indicar que o público estadunidense está a caminho de ver os políticos como imperadores com roupas novas.

## OS ESCÂNDALOS POLÍTICOS IMPORTAM?

Foi há cerca de 50 anos que o Watergate explodiu sobre nós. O amargo caminho político abrangeu o período desde a grampeação da sede do Comitê Nacional Democrata no hotel Watergate, em 28 de maio de 1971, até a renúncia do presidente Richard Nixon, em 9 de agosto de 1974. Hetherington e Rudolph (2008) descobriram que escândalos governamentais (por exemplo, os procedimentos de impeachment de Clinton) previam declínios na confiança no governo ao longo do tempo. Os efeitos não eram tão substanciais, porém, quanto os efeitos das questões econômicas e internacionais sobre a confiança no governo. Há evidências de que escândalos governamentais têm efeitos negativos sobre a confiança no governo em outros países que não os EUA. Por exemplo, uma pesquisa qualitativa realizada por Isotalus e Almonkari (2014) indica que os escândalos políticos tiveram efeitos negativos na confiança dos cidadãos na Finlândia.

## O QUE FAZ O PÚBLICO VER UM POLÍTICO COMO CONFIÁVEL?

A confiabilidade dos candidatos políticos emergiu, por exemplo, durante a corrida presidencial de 2016 nos EUA. As percepções sobre a confiabilidade dos políticos têm sido o foco de pesquisas e têm sido fonte de discussão na mídia (por exemplo, Kolbert, 2016). Observou-se que faltou confiabilidade a muitos políticos durante a campanha relativa à permanência ou não do Reino Unido na União Europeia – chamada de Brexit (Rotenberg, 2016).

O principal papel dos políticos é persuadir os eleitores a endossar seus pontos de vista sobre tudo e, em última instância, a votar neles (ver

Combs & Keller, 2010). O objetivo de sua comunicação simplesmente coincide com as condições em que as crianças e os adultos mentem (ver o Capítulo 2). Na verdade, os políticos se envolvem em uma forma exagerada de fingir positividade para agradar aos outros e obter aprovação. Uma forma de minar esses efeitos é o político apresentar sua comunicação como contrária a seus próprios interesses – até mesmo compatível com as opiniões de seus oponentes. Esse princípio é apoiado pelo estudo de Combs e Keller (2010). O estudo foi orientado pela premissa de que um político que se envolve em comunicações contrárias aos seus próprios interesses viola expectativas – de forma positiva –, o que promove a percepção de sua confiabilidade.

No primeiro dos três estudos desses pesquisadores, estudantes universitários leram um anúncio de um candidato (um político fictício chamado John Dixon) que criticava fortemente seu oponente (um político fictício chamado David Hunter). O anúncio sugeria que Hunter era um mentiroso e que suas políticas prejudicariam a economia do estado. Os graduandos leram uma de três respostas de David Hunter (todas rejeitando as alegações no início): uma passava a atacar os valores morais do oponente (*contra-ataque*); uma elogiava as próprias políticas econômicas (*elogio a si mesmo*); e a terceira elogiava as políticas do oponente como concordantes com as dele e prometia levá-las ao governo se eleito (*elogio ao oponente*). Verificou-se que os graduandos julgavam o candidato como mais confiável (ou seja, mostrando confiabilidade, integridade e honestidade) e eram mais propensos a votar nele quando havia elogiado o oponente em vez de o contra-atacar. Além disso, verificou-se que a confiabilidade percebida era responsável, em parte, pelo padrão de votação. Os três estudos realizados por Combs e Keller (2010) forneceram suporte para a conclusão de que as pessoas confiam nos políticos e votam neles quando o veem agindo contra seus próprios interesses e violando positivamente as expectativas. Do meu ponto de vista, isso coincide com o princípio de que tais atos diminuem a probabilidade de o político ser visto como uma farsa e, portanto, um enganador.

## A ESTRUTURA BDT

Guiados pela estrutura BDT, meus colegas e eu (Rotenberg & Bierbrauer, em preparação) examinamos as crenças de confiança nos políticos. Desenvolvemos a escala de confiança nos políticos (*Trust in Politicians* – TP), composta de cenários que retratam os políticos exibindo potencialmente três tipos de comportamento: confiabilidade (por exemplo, cumprir promessas de campanha), confiança emocional (por exemplo, manter a confidencialidade das informações transmitidas a funcionários do governo) e honestidade (por exemplo, dizer a verdade sobre os gastos do governo). Em nosso estudo, foi aplicada a escala TP a alunos de graduação e constatou-se, como esperado, que a escala era composta pelos três tipos de crenças de confiança: confiabilidade, confiança emocional e honestidade. Além disso, descobrimos que as crenças de confiança dos alunos relativas à honestidade dos políticos estavam associadas à sua disposição em votar no Partido Trabalhista.

## RESUMO

O capítulo começou com a consideração da história "As roupas novas do imperador" e das suas implicações para a falta de confiança nos políticos de hoje. O capítulo analisou as pesquisas que apoiam a conclusão de que alguma confiança no governo é essencial para as democracias e de que a confiança é afetada por questões internacionais, questões econômicas e escândalos políticos. O capítulo examinou os atributos que potencialmente contribuem para as percepções dos políticos como confiáveis, como agir contra o interesse próprio. Por fim, o capítulo culminou na descrição de uma investigação com a estrutura BDT sobre a confiança nos políticos.

# 10

# TERRORISMO E DESCONFIANÇA DE ESTRANHOS: AS TORRES GÊMEAS E ALÉM

## 11 DE SETEMBRO E OUTROS ATOS TERRORISTAS

Quem pode esquecer as imagens das Torres Gêmeas em Nova York sendo atacadas em 11 de setembro de 2001 por aviões controlados por terroristas da Al-Qaeda? Posteriormente, a Al-Qaeda assumiu a responsabilidade pelos ataques (ver CNN, 14 de novembro de 2015). A terrível memória de 11 de setembro está gravada na mente de milhões de pessoas, incluindo a minha. Na verdade, a imagem das Torres Gêmeas se tornou um ícone e pode ser considerada um símbolo trágico de atos terroristas subsequentes. Por exemplo, na manhã de 11 de março de 2004, foi realizado um ataque terrorista aparentemente da Al-Qaeda contra um sistema de trens comutadores de Madri, que matou 191 pessoas e feriu cerca de 2 mil. Houve um ataque terrorista em Paris em 13 de novembro de 2015, que matou 130 e feriu 368. A responsabilidade pelos ataques foi reivindicada pelo Estado Islâmico do Iraque e do Levante (ISIL) (CNN, 2015). Foi realizado um ataque terrorista em Bruxelas em 22 de março de 2016, que matou 31 e feriu 300. Aparentemente, foi conduzido pela organização ISIL.

Este capítulo sobre terrorismo é guiado pelas seguintes premissas e hipóteses. Em primeiro lugar, o capítulo é guiado pela premissa de que o terrorismo é uma forma distinta de guerra que representa a convergência de falta de confiança e agressão. A guerra convencional envolve oponentes que se encontram em conflito aberto. Além de espionar o inimigo, a guerra convencional envolve soldados identificáveis que suportam as consequências do confronto direto. Em contraste, o terrorismo é uma agressão subversiva integrada com comportamentos altamente indignos de confiança, como engano, mentira e malevolência destrutiva. O principal alvo dessa forma de guerra são cidadãos despreparados e indefesos – vítimas inocentes.

Em segundo lugar, este capítulo é guiado pela hipótese de que a desconfiança do grupo externo contribui para a maioria dos atos terroristas e os molda. A desconfiança do grupo externo se refere à falta de confiança dos indivíduos em outros que são percebidos como pertencentes a um grupo diferente, normalmente identificados por raça, religião, crenças políticas e crenças econômicas (Chambers & Melnyk, 2006; Voci, 2006). Em terceiro e último lugar, guiado pelo anterior, propõe-se que o terrorismo resulte em aumentos na desconfiança do grupo externo do país receptor em relação a grupos externos ao país (por exemplo, países relacionados ao terrorismo e a potenciais migrantes para o país) e grupos internos ao país (por exemplo, migrantes internos e minorias étnicas).

Deve-se destacar aqui que é difícil saber a identidade ou a afiliação dos perpetradores do terrorismo porque eles normalmente não usam uniformes e muitas vezes não têm uma cadeia de comando explícita. Mesmo quando determinado grupo terrorista declara responsabilidade por um ato, pode ser uma falsidade para angariar apoio para sua causa. Mesmo quando as evidências acumuladas mostram que determinado grupo terrorista cometeu o ato, a falta de uma cadeia de comando explícita pode tornar obscuro o fato de que determinada organização terrorista foi responsável por ele. A reputação da organização terrorista pode ser suficiente para obter a sequência esperada como parte do que é conhecido como profecia autorrealizável. A expectativa das pessoas de que um ato terrorista tenha sido perpetrado por uma organização racial e política (por exemplo, a Al-Qaeda) por si só poderia causar desconfiança do grupo externo e hostilidades entre grupos, o que, por sua vez, confirmaria a expectativa tendenciosa original. Essas questões exigem uma consideração cuidadosa ao revisar a pesquisa sobre o tópico.

A questão do terrorismo incide sobre a questão de se a confiança está unicamente ligada a resultados cooperativos/benéficos em oposição a resultados competitivos/conflitantes. Várias abordagens postulam que a confiança depende ou promove resultados cooperativos e benéficos (consultar as seções sobre capital social, teoria dos jogos e teorias de contato e troca social no Capítulo 1). No entanto, algumas pesquisas mostram que confiança e cooperação são construções diferentes que estão reciprocamente associadas (ver o Capítulo 8). Seria improvável que as pessoas considerassem os oponentes na guerra como verdadeiramente confiáveis, mesmo se eles mantivessem suas promessas e adotassem outros comportamentos dignos de confiança. As restrições à confiança nas nações opostas em qualquer guerra convencional são impostas porque as pessoas tendem a ver os oponentes como tendo algumas intenções maliciosas por serem parte de um grupo externo. No entanto, o terrorismo é um ato verdadeiramente sinistro porque a agressão é caracterizada por engano, mentira e malevolência destrutiva.

## UMA PERSPECTIVA DE IDENTIDADE SOCIAL SOBRE 11 DE SETEMBRO E OUTROS ATOS TERRORISTAS

Um *insight* sobre o terrorismo é fornecido pela teoria da identidade social, que foi estabelecida por Tajfel e colaboradores (ver Tajfel, 1981). De acordo com a teoria da identidade social, os indivíduos são naturalmente inclinados a autoclassificar as pessoas em um grupo interno (nós) *vs.* um grupo externo (eles). De acordo com a teoria da identidade social, o grupo interno busca se diferenciar do grupo externo atribuindo-lhe distinções negativas ou reforçando os aspectos positivos do grupo interno. O paradigma de grupo mínimo foi empregado para examinar a teoria da identidade social. Por exemplo, Billig e Tajfel (1972) fizeram com que crianças atribuíssem recompensas a colegas que foram descritos como gostando das mesmas imagens que eles (grupo interno) ou que não eram distinguidos por essa informação. Além disso, os pares foram posteriormente rotulados como parte de seu próprio grupo (grupo interno) ou não de seu próprio grupo (grupo externo). Verificou-se que as crianças mostravam altos níveis de favoritismo ao grupo interno, dando mais pontos/dinheiro aos membros do grupo que aos membros do grupo externo. Desde então, os pesquisadores refinaram e ampliaram a teoria da identidade social (por exemplo, Degner, Essien, & Reichardt, 2016).

Tendências semelhantes da dinâmica grupos internos *vs.* grupos externos são evidentes em relacionamentos naturais, como relações entre diferentes grupos raciais, religiosos e políticos (ver Turner, Hogg, Oakes, Reicher, & Wetherell, 1987). Foi descoberto que os indivíduos percebem os membros do grupo externo (por exemplo, raça, cultura e afiliação política diferentes) como menos confiáveis que os membros do grupo interno (Chambers & Melnyk, 2006; Voci, 2006). Meus colegas e eu (Rotenberg & Cerda, 1994) descobrimos desconfiança de grupos externos em crianças nativas e não nativas do Ensino Fundamental do Canadá. As crianças acreditavam que uma criança hipotética tinha menor probabilidade de cumprir promessas, guardar segredos e ser honesta quando pertencia a uma raça diferente do que quando pertencia à mesma raça. O padrão de desconfiança do grupo externo era mais forte em crianças de escolas racialmente exclusivas que em escolas mistas. Essas descobertas destacaram o princípio de que o contato social com outras raças promove a confiança nelas (ver também Marschall & Stolle, 2004).

O estudo de Chambers e Melnyk (2006, estudo 2) demonstra o papel da desconfiança do grupo externo na afiliação política de estudantes universitários. Os pesquisadores descobriram que os alunos democratas eram mais propensos a ver os universitários republicanos como portadores de traços negativos, incluindo desonestidade e falta de confiança, do que os alunos que também eram democratas. Da mesma forma, os alunos republicanos tinham maior probabilidade de ver os universitários democratas como portadores de traços negativos (incluindo desonestidade e falta de confiança) do que os alunos que também eram republicanos. Além disso, os alunos percebiam que havia mais discordâncias entre eles e as opiniões de seus adversários do que realmente havia; e percebiam também que essas opiniões eram mais centrais para suas crenças do que realmente eram. Chambers e Melnyk (2006) argumentaram que a discriminação racial e a hostilidade eram produto da desconfiança do grupo externo, do exagero percebido das diferenças de valores e do exagero da centralidade desses valores conflitantes.

Viver em uma heterogeneidade racial tem o potencial de promover a confiança nos membros do grupo externo, aumentando o contato social com outras raças. Em apoio a essa hipótese, Marschall e Stolle (2004) descobriram que a heterogeneidade racial da vizinhança (ou seja, comunidades raciais mistas) em Detroit teve um efeito positivo na confiança generalizada dos cidadãos negros. As pessoas negras que residiam em um bairro racial misto tinham crenças generalizadas de confiança nos outros mais elevadas que aqueles que residiam em um bairro unirracial.

## APÓS 11 DE SETEMBRO: "EFEITOS" DE CURTO PRAZO SOBRE A CONFIANÇA NO GOVERNO

O termo "efeitos" é colocado entre aspas neste capítulo porque é muito difícil identificar com alguma certeza as causas e as consequências de um único incidente como o de 11 de setembro. Essa questão merece ser considerada ao se revisar a pesquisa. Estudos sobre esse tópico utilizam dados de pesquisas nacionais (por exemplo, o *American National Election Studies*, um estudo sobre o comportamento eleitoral dos estadunidenses) que pedem que os cidadãos avaliem em uma escala a medida de sua confiança no governo (por exemplo, confiança de que o governo fará o que é certo). As descobertas fornecem algum suporte para a conclusão de que a confiança do público estadunidense no governo aumentou após o ataque de 11 de setembro. Aumentou de 29% em março de 2001 para 64% no final de setembro de 2001 (Chanley, 2002; Skocpol, 2002). Uma evidência desse fenômeno é que as pessoas se mobilizam em apoio ao governo quando percebem uma ameaça à sua sobrevivência (ver Woods, 2011), e isso pode ser visto como um efeito da desconfiança do grupo externo. O ataque de 11 de setembro causou um aumento temporário na importância da identificação com o grupo interno dos estadunidenses (nós contra eles), o que teria o efeito de aumentar a confiança deles nesse grupo interno, composto por seus companheiros estadunidenses e o governo dos EUA.

De forma bastante provocativa, os indivíduos que aderem às teorias da conspiração acreditam que agências e representantes do governo conspiraram ou facilitaram o ato terrorista de 11 de setembro. Eles acreditam que o governo se envolve nesse tipo de ação com o objetivo de reprimir as liberdades civis e promover o envolvimento em guerras estrangeiras (ou seja, aquelas no Afeganistão e no Iraque). Swami, Chamorro-Premuzic e Furnham (2010) testaram 254 mulheres e homens do Reino Unido e descobriram que aqueles que mantinham crenças de conspiração em relação ao ataque de 11 de setembro acreditavam em outras teorias da conspiração e tinham exposição elevada às ideias conspiratórias relativas ao ataque de 11 de setembro. Além disso, esse grupo de indivíduos demonstrava elevado cinismo político, elevada posição de desafio à autoridade e personalidade pouco concordante. Os resultados destacam o papel da exposição social a ideias e da personalidade opositora como fatores que contribuem para a sustentação de uma teoria da conspiração sobre o ataque de 11 de setembro.

## APÓS 11 DE SETEMBRO: "EFEITOS" DE LONGO PRAZO SOBRE A CONFIANÇA NO GOVERNO

Embora a confiança no governo tenha permanecido alta por três a cinco meses após o 11 de setembro, ela *parece* ter durado pouco. Brewer, Aday e Gross (2005) avaliaram três vezes (ondas) a confiança em uma amostra inicial de 1.235 cidadãos estadunidense de 2001 a 2002. Verificou-se que houve diminuições ao longo do tempo na confiança política. Essa descoberta corrobora a conclusão de que a confiança dos estadunidenses no governo voltou aos níveis anteriores ao 11 de setembro ou abaixo desses níveis.

## OS "EFEITOS" DO 11 DE SETEMBRO E OUTROS ATOS TERRORISTAS SOBRE A CONFIANÇA NOS OUTROS

Em apoio à hipótese que orienta este capítulo, há uma variedade de eventos indicativos de uma diminuição na confiança em outras nações e outras raças desde o 11 de setembro. Brewer, Aday e Gross (2005) descobriram que a confiança internacional (ou seja, acreditar que outras nações seriam úteis para os EUA) diminuiu. Houve relatos de que o preconceito contra migrantes aumentou nos Estados Unidos e na Europa desde 11 de setembro (Ceobanu & Escandell, 2008). Embora as evidências sejam muito limitadas, os crimes de ódio contra muçulmanos parecem ter aumentado nos Estados Unidos e em outros países ocidentais a partir do 11 de setembro e dos atos terroristas subsequentes (ver Arora, 2013; ver também Bushman & Bonacci, 2004). As tensões nacionais e raciais resultantes do 11 de setembro são mostradas nos aumentos subsequentes das medidas de segurança nos países ocidentais. Como esperado, o monitoramento e a securitização de viajantes, comunicações e transações financeiras internacionais aumentaram. Além disso, alguns autores observaram uma redução dos direitos dos estrangeiros a partir do 11 de setembro, o que tem sido uma fonte de preocupação ética (Crépeau & Jimenez, 2004).

O problema com as medidas explícitas de preconceito é que elas são óbvias, e as pessoas relutam em endossar o preconceito nas medidas porque é socialmente indesejável fazê-lo. Por essa razão, os psicólogos sociais desenvolveram testes implícitos de preconceito que evitam os efeitos da desejabilidade social (ver a tarefa do atirador no Capítulo 7). Bushman e Bonacci (2004) usaram o método da carta perdida como um teste implícito de preconceito em relação aos árabes nos Estados Unidos. Esses pesquisadores administraram medidas padronizadas de preconceito explícito a 140 estudantes estadunidenses e europeus em universidades dos EUA. Esses alunos mais tarde receberam um e-mail enviado para o endereço errado (ou seja, perdido) que era destinado a um árabe ou um europeu/estadunidense. O e-mail afirmava que o destinatário pretendido tinha ou não recebido uma prestigiada bolsa de estudos universitária de quatro anos (sucesso *vs.* fracasso na bolsa de estudos, respectivamente). O e-mail informava ainda que uma resposta era necessária em 24 horas. Os pesquisadores descobriram um efeito principal da identidade étnica: os estudantes universitários eram menos propensos a responder ao e-mail quando o destinatário pretendido era árabe do que quando era europeu/estadunidense. Esses efeitos eram qualificados, contudo, pelo sucesso na bolsa e pelo preconceito dos participantes. Estudantes com baixo preconceito (nas medidas explícitas padronizadas) tinham a mesma probabilidade de responder a um e-mail perdido relacionado ao sucesso na bolsa de estudos para destinatários árabes e europeus/estadunidenses. O padrão era bastante diferente para alunos com alto preconceito, no entanto. Estudantes com alto preconceito eram menos propensos a responder ao e-mail sobre o *sucesso na bolsa de estudos* quando o destinatário pretendido era árabe. Quando o e-mail dizia respeito ao *fracasso na bolsa de estudos*, porém, os alunos com alto preconceito mostravam o viés étnico oposto e eram mais propensos a responder quando o destinatário pretendido era árabe. As descobertas demonstram um preconceito geral – de forma passiva – contra os árabes por parte dos estudantes estadunidenses: eles estavam menos inclinados a responder a um e-mail perdido destinado a um árabe que a um europeu/estadunidense. Os resultados mostram, porém, que atitudes preconceituosas têm um papel importante no comportamento discriminatório em relação aos árabes. Os alunos altamente preconceituosos mostraram evidências de envolvimento em comportamento ativo prejudicial (ou seja, insultos) em relação aos árabes.

## RESUMO

Este capítulo começou com uma consideração sobre o ataque de 11 de setembro e outros ataques terroristas. Depois, revisou as pesquisas que forneciam algum suporte à hipótese de que a desconfiança do grupo externo contribui para o terrorismo e é uma consequência do terrorismo. Também revisou as pesquisas indicando que a confiança no governo aumentou após o ataque terrorista de 11 de setembro, mas foi temporário.

# 11

# CONFIANÇA E FÉ RELIGIOSA: CONFIAMOS EM DEUS?

O livro do Êxodo da Bíblia descreve Moisés conduzindo os israelitas do cativeiro no Egito para a salvação na Terra Prometida. Ele retrata pessoas que haviam sido escravas aprendendo a confiar em Deus e na palavra dele. Aprender a confiar em Deus é a base de muitas religiões. O objetivo deste capítulo é revisar a pesquisa sobre a confiança em Deus.

## TEORIA DA AQUISIÇÃO DE CONHECIMENTO (KAT)

A divindade suprema não é vista e, portanto, os indivíduos que acreditam nela precisam confiar que a divindade existe através do tempo e no futuro. Harris (2007) articulou esse princípio na KAT na forma de crianças adquirindo essas crenças por causa de sua confiança nos outros. Outras implicações da KAT para a religião foram examinadas por Corriveau, Chen e Harris (2015). Eles investigaram a diferenciação das crianças entre o real e o faz de conta em função da religiosidade do contexto familiar. A pesquisa apoiou a hipótese de que a educação religiosa predispõe as crianças a usar as crenças religiosas para decidir se os eventos religiosos são reais e se os eventos fantásticos são reais, e não faz de conta.

## TEORIA DO APEGO

Deus como uma figura de apego é o princípio central na conceituação da teoria do apego sobre a confiança em Deus (Kirkpatrick, 1992; ver também os Capítulos 1, 4 e 5 deste livro). Os resultados de Granqvist, Mikulincer, Gewirtz e Shaver (2012) corroboram a hipótese de que os indivíduos generalizam a segurança de seus apegos interpessoais, usando o modelo de trabalho interno da relação cuidador-criança, para a qualidade de seu apego a Deus. Os estudos mostraram que os indivíduos com uma qualidade segura de apego interpessoal demonstravam uma qualidade segura de apego a Deus e, portanto, o consideravam uma base segura e um refúgio contra a aflição. Essas pessoas tendiam a ver Deus como amoroso, sensível, confiável e afetuoso. Da mesma forma, os indivíduos com apego interpessoal inseguro/evitativo tendiam a ter uma qualidade insegura de apego a Deus e não conseguiam vê-lo como uma base segura, mas como distante e controlador. Métodos implícitos de preparação foram usados em outros estudos de Granqvist et al. (2012) e os resultados confirmaram que esses processos de apego funcionam em um nível inconsciente.

## UMA ESTRUTURA BDT

Da perspectiva da estrutura BDT, a adesão a uma religião requer que os indivíduos acreditem que a divindade e os líderes religiosos cumprirão suas promessas na vida após a morte (confiabilidade) e ouvirão confissões e orações com compaixão (confiança emocional). Além disso, os indivíduos devem acreditar que a divindade e os líderes religiosos são verdadeiros, genuínos e guiados por intenções benignas (honestidade). Essas crenças se manifestam na dependência comportamental dos indivíduos na forma de seguir práticas religiosas. Além disso, a divindade e os líderes religiosos esperam que os indivíduos retribuam (de alguma forma) mantendo suas promessas, como ir à igreja (confiabilidade), ouvir os líderes religiosos guiados pela aceitação e pela sinceridade (confiança emocional) e dizer a verdade principalmente aos líderes religiosos (honestidade). Em apoio a essa proposta, os líderes religiosos têm defendido justamente essa forma de confiança em Deus para promover a religião na sociedade contemporânea (ver Moltmann, 2006).

## ABORDAGEM DE ROSMARIN PARA A CONFIANÇA E A RELIGIÃO

Rosmarin e colaboradores (Rosmarin, Krumrei, & Andersson, 2009; Rosmarin, Pargament, & Mahoney, 2009; Rosmarin, Pargament, Pirutinsky, & Mahoney, 2010) construíram uma escala breve de confiança em Deus denominada TMIG. Essa escala é composta por duas subescalas: uma de confiança em Deus (*Trust in God* – TIG; por exemplo, a crença em Deus como compassivo) e uma de desconfiança em Deus (*Mistrust in God* – MIG; ou seja, a crença de que Deus muitas vezes é cruel). A pesquisa apoia a conclusão de que os itens das subescalas TIG e MIG e as próprias subescalas são construtos separados, mas associados, e que cada uma demonstra a consistência interna adequada. A TMIG foi desenvolvida para avaliar a confiança em Deus nos países ocidentais, especificamente de cristãos e judeus. A TMIG foi ajustada para uso em países islâmicos, especificamente para muçulmanos (Hafizi, Rosmarin, & Koenig, 2014).

## A RELIGIOSIDADE AFETA A CONFIANÇA DAS PESSOAS NOS OUTROS?

Os pesquisadores examinaram se há "efeitos" da religiosidade nas várias formas de confiança. A religião organizada serve para estabelecer limites entre o grupo interno e o externo que afetam a confiança, resultando na desconfiança do grupo externo (ver o Capítulo 10). Como suporte a essa hipótese, Fitzgerald e Wickwire (2012) engajaram estudantes universitários em um jogo de confiança com parceiros identificados como tendo a mesma afiliação religiosa que a deles ou diferente (ou seja, batista ou católico). A escolha de confiança foi avaliada pela fração de dez libras que os alunos (como primeiro jogador) dariam ao outro jogador (segundo jogador), que poderia então dividir a soma total do dinheiro entre eles (ver o Capítulo 1). Verificou-se que os alunos demonstravam maior escolha de confiança ao jogar com o parceiro que tinha a mesma afiliação religiosa (ou seja, membro do grupo interno) do que quando tinha afiliação religiosa diferente (ou seja, membro do grupo externo).

A desconfiança de grupos externos com base na religião foi examinada mais profundamente por Ward, Mamerow e Meyer (2014) em uma amostra de 6.331 indivíduos que residiam em Taiwan, Hong Kong, Coreia do Sul, Japão, Austrália e Tailândia. Pediram que as pessoas avaliassem o quanto confiavam em familiares, vizinhos, estranhos, estrangeiros e pessoas com uma religião diferente. Os pesquisadores descobriram que a confiança relatada em parentes e vizinhos era muito alta nos seis países. Havia diferenças entre os países na confiança dos cidadãos em pessoas com uma religião diferente. A confiança em pessoas com uma religião diferente foi mais elevada nos cidadãos de Austrália, Hong Kong e Taiwan e mais baixa nos cidadãos de Japão, Coreia do Sul e Tailândia.

O papel que a religião desempenha na confiança generalizada diante dos outros foi examinado por Olson e Miao (2015). Esses pesquisadores realizaram análises em vários níveis dos dados da Pesquisa Mundial de Valores, que foram coletados de 77.049 cidadãos em 69 países. Os países iam da Albânia ao Vietnã. As análises examinaram a extensão em que a confiança social generalizada está relacionada à porcentagem da população que é religiosa e à heterogeneidade religiosa de um país. A confiança social generalizada foi avaliada pela disponibilidade dos indivíduos de confiar na maioria das pessoas (ver o Capítulo 1). A participação religiosa nacional foi mensurada pela proporção de pessoas que relatavam frequentar serviços religiosos pelo menos uma vez por mês (além de casamentos, funerais e celebrações). A heterogeneidade foi derivada de estimativas do tamanho de cada grupo religioso com base na proporção de entrevistados de cada grupo naquele país. Foi descoberto que a porcentagem da população que era religiosa estava negativamente associada com a confiança social generalizada: quanto maior a porcentagem de pessoas religiosas em um país, menos os cidadãos têm confiança generalizada nos outros. Além disso, os pesquisadores descobriram que a confiança social generalizada era muito baixa (cerca de metade da média) quando os países tinham uma combinação de religiosidade mais alta que a média e heterogeneidade religiosa mais alta que a média. Como um relato dos resultados, os autores propuseram que as pessoas dos países que emergiram de um histórico de fortes crenças religiosas concorrentes não estão dispostas a confiar naquelas que professam outras religiões e em outras pessoas em geral. Isso é consistente com a teoria de identidade social (ver o Capítulo 10), porque a força da identidade social promoveria a desconfiança de grupos externos naqueles países.

## A CONFIANÇA EM DEUS PROMOVE O AJUSTAMENTO E A SAÚDE PSICOLÓGICOS?

Rosmarin e colaboradores (por exemplo, Rosmarin, Pirutinsky, & Pargament, 2011) propuseram que a confiança em Deus, ao contrário da desconfiança, promove uma capacidade espiritual positiva para lidar com situações difíceis, um senso de conexão e um senso de transcendência. Foi proposto que as pessoas que confiam em Deus (em vez de desconfiar dele) são, portanto, mais dispostas a tolerar a incerteza, o que serve para reduzir a probabilidade de se preocupar e experimentar ansiedade. Como evidência para essas hipóteses, Rosmarin et al. (2011) descobriram que a desconfiança em Deus estava positivamente associada com a preocupação, e que isso se devia em parte à baixa tolerância à incerteza. Do mesmo modo, a confiança das pessoas em Deus estava negativamente associada com a preocupação, e isso se devia em parte a sua tolerância à incerteza.

O câncer de mama é a forma de câncer mais comum em mulheres negras, e a segunda causa mais comum de morte entre mulheres negras. A igreja é uma pedra fundamental na vida das mulheres negras, e essa fé poderia ajudá-las a lidar com doenças graves como o câncer. Orientados por esses princípios, Beverly, Yoo e Levine (2014) realizaram entrevistas em profundidade com 47 mulheres negras a respeito de suas experiências com o tratamento do câncer de mama. As participantes responderam a uma série de questões abertas em relação ao papel de práticas religiosas e espirituais, desde o diagnóstico até a sobrevivência ao câncer. As respostas das mulheres foram transcritas e submetidas a análises qualitativas para revelar os temas comuns. A maioria das mulheres mencionou usar práticas espirituais e religiosas individuais e comunitárias para lidar com o diagnóstico e o tratamento do câncer de mama. Isso incluía a frequência a serviços religiosos, o conforto por meio de orações dos outros e a leitura da Bíblia. Os pesquisadores argumentaram que a "confiança em Deus" das mulheres as ajudou a lidar com o câncer e a sobreviver à doença. Foi proposto que os clínicos incorporassem a religião e a espiritualidade ao tratamento dos indivíduos, especialmente de mulheres negras, para ajudá-los a lidar com suas doenças. Esse estudo é interessante porque enfatiza o papel potencial da confiança em Deus na capacidade de lidar com doenças graves como o câncer.

## RESUMO

O capítulo incluiu uma descrição do papel da confiança na religião a partir da perspectiva da KAT, da teoria do apego e da estrutura BDT. O capítulo revisou as pesquisas sobre a confiança na religião de Rosmarin e colaboradores e os benefícios potenciais que a confiança pode ter sobre o ajustamento psicológico e a saúde física.

# 12

# CONSTRUINDO A CONFIANÇA

As consequências da mentira, da traição, das facetas invisíveis da desconfiança e do terrorismo foram descritas nos capítulos anteriores deste livro. Como a confiança pode ser promovida ou as violações de confiança podem ser reparadas? Em contraste com a amplitude da pesquisa sobre confiança, existe um número muito limitado de estratégias/intervenções dentro da disciplina da psicologia para promover a confiança ou reparar as violações dela. Este capítulo vai revisar as pesquisas existentes sobre o assunto.

## CONSTRUINDO CONFIANÇA ENTRE NAÇÕES ADVERSÁRIAS

Uma das primeiras estratégias para promover a confiança entre nações adversárias foi desenvolvida por Osgood (1962). Ele estava preocupado com a Guerra Fria e a corrida armamentista durante a década de 1960 e recomendou que as nações se envolvessem em uma estratégia de reciprocidade graduada na redução das tensões (GRIT, na sigla em inglês) como um meio para o desarmamento. De acordo com a GRIT, o desarmamento entre duas nações pode ser entendido como dois parceiros em um jogo de motivos mistos. A estratégia envolve que o primeiro parceiro (uma nação) faça uma pequena redução verificável nas armas. Então, este espera que o outro parceiro aja de modo recíproco com uma redução similar em armas. A seguir, o primeiro parceiro se envolve em uma redução maior das armas, que é então retribuída pelo outro. Como uma consequência das trocas recíprocas de ações verificáveis, um relacionamento de confiança emerge entre os parceiros (nações) e o desarmamento mútuo é atingido. A proposta GRIT e suas bases psicológicas foram descritas detalhadamente por Lindskold (1978). A revisão dele destaca a importância de construir uma credibilidade objetiva e as atribuições de confiabilidade nas trocas propostas pela GRIT para atingir o desarmamento entre os países. Embora a GRIT seja uma estratégia promissora para construir a confiança entre nações adversárias e o desarmamento, sua eficiência ainda precisa ser demonstrada.

A GRIT serviu como um impulso para intervenções voltadas a promover a confiança. Por exemplo, Cook et al. (2005) empregaram uma versão do jogo "O dilema do prisioneiro" que permitiu a separação da disposição para se arriscar e da cooperação. O DP/R (DP = dilema do prisioneiro; R = risco) envolvia uma troca de moedas entre dois jogadores em que um escolhe o número de moedas que dará a um parceiro (confiando-as a ele) e o outro escolhe a quantidade de moedas que dará em retorno. O risco e a confiança eram avaliados pelo número de moedas que um jogador dava/confiava ao outro jogador e a cooperação era o número de moedas que o outro jogador devolvia. Cook et al. (2005) realizaram três experimentos usando esse método. Os estudos apoiam as conclusões de que assumir riscos é um elemento crucial na construção da confiança e de que os estadunidenses são mais dispostos a assumir riscos que os japoneses.

## CONSTRUINDO CONFIANÇA ENTRE PESSOAS COM RELIGIÕES DIFERENTES

A desconfiança de grupos externos em relação à religião se constitui em uma ameaça à sociedade, especialmente naqueles países com cidadãos intensamente religiosos e heterogeneidade de religiões (ver o Capítulo 11; Olson & Miao, 2015). A Irlanda do Norte (IN) é um desses países. Hewstone e colaboradores (Hewstone, 2015; Tam, Hewstone, Kenworthy, &

Cairns, 2009; Turner, Tam, Hewstone, Kenworthy, & Cairns, 2013; Turner et al., 2010) examinaram a hipótese de que o contato com grupos de outras religiões contribui para a confiança e os relacionamentos positivos entre grupos religiosos na IN. A IN é formada por 44% de cidadãos católicos e 53% de protestantes. Muitos cidadãos católicos da IN acreditam que o país deve deixar o Reino Unido, enquanto muitos dos cidadãos protestantes da IN desejam permanecer no Reino Unido. Tem sido feito um progresso considerável na promoção da aceitação e da tolerância religiosa na IN nas últimas décadas, mas continua havendo certo grau de polarização religiosa e desconfiança de grupos externos. Em sua pesquisa, Hewstone e seus colegas utilizaram a teoria do contato social estabelecida por Allport (1954; ver Pettigrew, 1998), que afirma que a interação social com membros de grupos externos, especialmente relacionamentos igualitários, promove confiança e relacionamentos positivos entre minorias e maiorias étnicas e, assim, diminui o preconceito e a hostilidade.

Em um estudo, Tam, Hewstone, Kenworthy e Cairns (2009, estudo 2) testaram 175 jovens católicos e protestantes de três grandes universidades na IN. Os estudantes de graduação preencheram uma escala de desconfiança de grupos externos (por exemplo, "Não posso confiar neles porque eles desejam vingar-se por coisas que fizemos a eles", p. 47). Os estudantes relataram a quantidade de contato com o grupo externo (ou seja, pessoas de uma religião diferente) e a qualidade desse contato com o grupo externo (isto é, agradabilidade e cooperatividade desses contatos). Além disso, os estudantes relataram contatos extensos com o grupo externo, por exemplo, ter sido amigos próximos ou conhecido a família deles. Os estudantes relataram suas tendências de comportamento positivo em relação ao grupo externo, como aproximar-se deles, e suas tendências de comportamento negativo, como evitar o grupo externo. Os estudantes relataram suas atitudes diante do grupo externo sob a forma de considerar o grupo externo como caloroso *vs.* frio, negativo *vs.* positivo, amigável *vs.* hostil. Finalmente, os estudantes preencheram uma escala avaliando sua oportunidade de contato, como viver perto deles.

Os resultados confirmaram que tanto a quantidade quanto a qualidade da interação intergrupos previam estatisticamente a confiança no grupo religioso externo, que por sua vez previa estatisticamente as tendências de comportamento positivo em relação ao grupo religioso externo. Esses resultados corroboraram a hipótese de que o contato social dos indivíduos com membros do grupo religioso externo promove a confiança deles no grupo externo, o que, por sua vez, promove tendências de comportamento positivo em relação a eles. Conforme esperado, as tendências de comportamento positivo em relação ao grupo externo estavam associadas com atitudes do grupo externo, contato extenso e oportunidade de contato. Padrões de interação intergrupos similares foram encontrados em crianças pequenas que moravam na IN (Turner, Tam, Hewstone, Kenworthy, & Cairns, 2013).

## CONSTRUINDO CONFIANÇA ENTRE PAIS E FILHOS

As estratégias para os pais promoverem a confiança dos filhos neles foram discutidas no Capítulo 4. Nesse sentido, Colonnesi et al. (2012) investigaram a eficácia da intervenção orientada pelo apego, chamada de confiança básica, para promover relacionamentos pais-filhos positivos em famílias com filhos adotados. As famílias com filhos adotados foram o foco porque essas crianças eram consideradas de alto risco para relacionamentos de apego inseguro advindos de condições pré-adoção adversas, como a criação em instituições. A intervenção da confiança básica foi planejada para promover e melhorar a sensibilidade dos pais ao estado mental (ou seja, estar consciente da mente dos filhos), ensinando-os a se atentar objetivamente aos comportamentos e sinais dos filhos ao se envolver em uma habilidade de comunicação específica (chamada de discurso de estado mental). Os pais deveriam nomear comportamentos, sentimentos, desejos, intenções e pensamentos da criança. A prática de nomear foi planejada para promover a segurança do apego em crianças, especialmente com o propósito de fazer a criança se sentir aceita como pessoa. No estudo, os pais de 20 famílias holandesas com filhos adotados (idade entre 2 e 5 anos) se envolveram em oito sessões de treinamento no método da confiança básica. A sensibilidade dos pais e o apego das crianças foram avaliados pelas observações de suas interações em uma sala de pesquisa e durante uma refeição em família. A insegurança do apego das crianças e sua psicopatologia foram avaliadas pelo preenchimento de medidas padronizadas pelos pais. Os pesquisadores relataram que, do pré-teste para o pós-teste (três meses depois), houve diminuições em: insegurança do apego conforme relatada pelas mães, apego desorganizado conforme relatado por pais e mães, e problemas de conduta conforme relatados por pais e mães. A intervenção da confiança básica é uma estratégia promissora para melhorar os relacionamentos entre pais e filhos, mas os resultados referentes à sua eficácia são incertos. Por exemplo, o desenho da pesquisa não tinha um grupo de controle sem tratamento e, portanto, não fica claro se as mudanças observadas se devem ao treinamento em confiança básica e não a outros fatores, como a testagem repetida ou o tempo.

## CONSTRUINDO CONFIANÇA DENTRO DE UMA PESSOA

Os problemas psicossociais que afligem as pessoas com baixa confiança foram descritos no Capítulo 3. A baixa confiança está associada a problemas psicossociais como solidão, agressão e baixa cooperação com os outros. Com base nesses resultados, seria útil desenvolver uma terapia para promover crenças de confiança em indivíduos com baixa confiança nos outros. É importante reconhecer aqui que instilar em pacientes a crença de que o terapeuta é confiável (isto é, mantém promessas, guarda segredos e é sincero) é a base da maioria das formas de terapia (ver Laughton-Brown, 2010). Em especial, no caso da terapia centrada na pessoa, sua eficácia depende de o cliente manter crenças de confiança emocional elevadas, que incluem a expectativa de que o terapeuta acolha as revelações pessoais sem julgá-las e mantenha confidencialidade quanto a elas (ver Thorne, 2007).

As pesquisas têm demonstrado que preparar as cognições de confiança com lembretes de palavras-chave promove crenças de confiança e engajamento social (ver Rotenberg, 2010; estudo 4). Se a preparação for integrada à terapia cognitivo-comportamental, ela pode servir como um tratamento para aqueles indivíduos com crenças de confiança baixas. Os clientes que têm crenças de confiança baixas em outros e mostram problemas psicossociais concomitantes seriam estimulados durante a terapia a gerar cognições de confiança como parte de interações sociais imaginadas. Guiados pelo terapeuta, os clientes seriam ensinados a autoestimular essas cognições de confiança durante interações sociais da vida real posteriores às sessões de terapia. Nessa intervenção, o terapeuta precisaria estar ciente das consequências potenciais de confiar demais e da confiabilidade objetiva dos outros nos relacionamentos sociais dos clientes. Corroborando essa intervenção sugerida, existem estudos de caso em que a terapia cognitivo-comportamental se concentrou em mudar as cognições relacionadas à confiança como um tratamento para a paranoia (Smith & Steel, 2009).

## CONSTRUINDO CONFIANÇA COM GERAÇÕES FUTURAS

A confiança durante a idade adulta tardia (55-75) e em idosos (com mais de 75 anos) inclui as questões de reivindicações de herança de familiares e também de se a confiança colocada em parentes ou na humanidade será alcançada (Rotenberg, 2015). Esse aspecto da confiança complementa o estágio do conflito generatividade *vs.* estagnação de Erik Erikson, pois diz respeito à satisfação dos indivíduos em influenciar e cuidar das gerações futuras, inclusive seus próprios filhos (Erikson, 1963; Hamachek, 1990). Essa faceta da confiança merece ser mais bem investigada.

## A CONFIANÇA É UMA CRISE OU TUDO?

A questão de se a confiança é uma crise ou tudo foi colocada no início deste livro. Ele oferece material em uma ampla gama de assuntos relativos a confiança, incluindo práticas de criação de filhos, profissionais de saúde, polícia, ambiente de trabalho, políticos, terrorismo e grupos externos. Além disso, o livro tentou familiarizar os leitores com uma gama extensa de pesquisas a respeito da confiança. Apenas essa cobertura corrobora a conclusão de que, embora a confiança não seja tudo, ela é verdadeiramente uma faceta onipresente da vida moderna.

## RESUMO

Este capítulo abordou a questão de como a confiança poderia ser promovida ou como as violações de confiança poderiam ser reparadas. Ele incluiu um resumo das pesquisas sobre a construção de confiança entre nações adversárias (por exemplo, a proposta GRIT de Osgood), religiões diferentes (por exemplo, Hewstone e colaboradores), pais e filhos (por exemplo, Colonnesi et al., 2012), dentro da pessoa (como parte da terapia cognitivo-comportamental) e entre adultos mais velhos e gerações futuras. O capítulo culminou na confirmação de que a confiança é uma faceta essencial do nosso mundo moderno.

# RECURSOS ADICIONAIS

## LEITURAS

*Trust in schools: a core resource for improvement* (2002), de Anthony S. Bryk e Barbara Schneider, Russell Sage Foundation.

*Trusting what you're told: how children learn from others* (2012), de Paul L. Harris, Harvard University Press.

*Trust: from Socrates to Spin* (2004), de K. O'Hara, Cambridge University Press

*Trust and skepticism: children's selective learning from testimony* (2014), de Elizabeth J. Robinson e Shiri Einav (editores), Psychology Press.

## FILMES

**Título:** *Sexo, Mentiras e Videotape*
**Data/Gênero/Duração:** 1989/Comédia, Drama/1h40min
**Diretor:** Steven Soderbergh
**Roteiro:** Steven Soderbergh
**Elenco:** James Spader, Andie MacDowell, Peter Gallagher, Laura San Giacomo

**Título:** *Confiança*
**Data/Gênero/Duração:** 1991/Comédia, Drama/1h47min
**Diretor:** Hal Hartley
**Roteirista:** Hal Hartley
**Elenco:** Adrienne Shelly, Martin Donovan, Rebecca Nelson

**Título:** *Trust Me*
**Data/Gênero/Duração:** 2013 /Comédia, Drama/1h47min
**Diretor:** Clark Gregg

**Roteirista:** Clark Gregg
**Elenco:** Clark Gregg, Felicity Huffman, Allison Janne

**Título:** *Simples Desejo*
**Data/Gênero/Duração:** 1992/Crime, Drama, Romance/1h45min
**Diretor:** Hal Hartley
**Roteirista:** Hal Hartley
**Elenco:** Robert John Burke, Bill Sage, Martin Donovan

**Título:** *De Volta ao Passado*
**Data/Gênero/Duração:** 1995/Suspense/1h30min
**Diretor:** Geoffrey Sax
**Roteiristas:** William P. Wood (romance), Joan Didion (roteiro)
**Elenco:** Tom Selleck, Elizabeth McGovern, William Atherton

**Título:** *Trust*
**Data/Gênero/Duração:** 2003/Crime, Drama/1h57min
**Diretor:** Parris Reaves
**Roteiristas:** William Pierce, Fred Spivey
**Elenco:** Eric Lane, Dori Torel

**Título:** *Totalmente Apaixonados*
**Data/Gênero/Duração:** 2005/Comédia, Drama, Romance/1h43min
**Diretor:** Bart Freundlich
**Roteirista:** Bart Freundlich
**Elenco:** David Duchovny, Julianne Moore, Billy Crudup

**Título:** *Confiar*
**Data/Gênero/Duração:** 2010/Suspense, Drama/1h44min
**Diretor:** David Schwimmer
**Roteiro:** Andy Bellin, Rob Festinger
**Elenco:** Clive Owen, Liana Liberato

## SÉRIE DE TV

**Trust.** Um drama jurídico criado por Simon Block e escrito por Simon Block e Andrew Rattenbury.

# REFERÊNCIAS


Ainsworth, M. D. S. (1989). Attachments beyond infancy. *American Psychologist*, *44*, 709-716.

Alcock, J. (2001). *Animal behavior: an evolutionary approach* (7a ed.). Sunderland, MA: Sinauer Associates.

Allport, G. W. (1954). *The nature of prejudice*. Reading, MA: Addison-Wesley.

Anderson, L. A., & Dedrick, R. F. (1990). Development of the trust in physician scale: a measure to assess interpersonal trust in patient-physician relation-ships. *Psychological Reports*, *67*, 1091-1100.

Arora, K. S. K. (2013). Reflections on the experiences of turbaned Sikh men in the aftermath of 9/11. *Journal for Social Action in Counseling & Psychology*, *5*(1), 116-121.

Baker, A. J. L. (2005). The long-term effects of parental alienation on adult children: a qualitative research study. *American Journal of Family Therapy*, *33*(4), 289-302. doi: 10.1080/01926180590962129

Barefoot, J. C., Maynard, K. E., Beckham, J. C., Brammett, B. H., Hooker, K., & Siegler, I. C. (1998). Trust, health and longevity. *Journal of Behavioral Medicine*, *21*, 517-526.

Baron, R. A., & Neuman, J. H. (1996). Workplace violence and workplace aggression: Evidence on their relative frequency and potential causes. *Aggressive Behavior*, *22*, 161-173.

Baron, R. A., Neuman, J. H., & Geddes, D. (1999). Social and personal determinants of workplace aggression: evidence for the impact of perceived injustice and the type A behavior pattern. *Aggressive Behaviour*, *25*(4), 281-296.

Benner, J. A. (2004). Biblical word of the month: trust in ancient Hebrew research center. *Biblical Hebrew E-Magazine*, *10*. Recuperado de www.ancient-hebrew.org/emagazine/010.html.

Beverly, L. Yoo, G. J., & Levine, E. G. (2014). "Trust in the Lord": religious and spiritual practices of African American breast cancer survivors. *Journal of Religious Health*, *53*, 1706-1716. doi: 10.1007/s10943-013-9750-x

Billig, M., & Tajfel, H. (1972). Social categorization and similarity in intergroup behavior. *European Journal of Social Psychology*, *3*, 27-52.

Birkhäuer, J., Gaab, J., Kossowsky, J., Hasler, S., Krummenacher, P., Werner, C., & Gerger, H. (2017). Trust in the health care professional and health out-come: a meta-analysis. *PLoS ONE*, *12*(2), 1-13. doi: 10.1371/journal. pone.0170988

Birnie-Porter, C., & Hunt, M. (2015). Does relationship status matter for sexual satisfaction? The roles of intimacy and attachment avoidance in sexual satisfaction across five types of ongoing sexual relationships. *Canadian Journal of Human Sexuality*, *24*(2), 174-183. doi: 10.3138/cjhs.242-A5

Blendon, R. J., Benson, J. M., & Hero, J. O. (2014). Public trust in physicians: U.S. medicine in international perspective. *New England Journal of Medicine*, *371*, 1570-1572. doi: 10.1056/NEJMp1407373

Blind, P. K. (2007). Building trust in government in the twenty-first century: review of literature and emerging issues. *7th Global Forum on Reinventing Government*, 26-29 jun., Viena, Áustria.

Bond, C. F., & DePaulo, B. M. (2006). Accuracy of deception judgments. *Personality and Social Psychology Review*, *10*, 214-234. doi: 10.1207/s15327957pspr 1003_2

Bond, C. F., & DePaulo, B. M. (2008). Individual differences in judging deception: accuracy and bias. *Psychological Bulletin*, *134*, 477-492. doi: 10.1037/ 0033–2909.134.4.477

Bowlby, J. (1980). *Loss: sadness & depression* (Vol. 3: Attachment and loss). London: Hogarth.

Brewer, P. R., Aday, S., & Gross, K. (2005). Do Americans trust other nations? A panel study. *Social Science Quarterly*, *86*(1), 36-51. 10.1111/j.0038-4941.2005.00289.x

*British Crime Survey for England and Wales*. (2009-2010). National Statistics, Home Office Statistical Bulletin.

Bryk, A. S., & Schneider, B. (2002). *Trust in schools: a core resource for improvement*. New York: The American Sociological Association's Rose Series in Sociology, Russell Sage Foundation.

Bushman, B. J., & Bonacci, A. M. (2004). You've got mail: using e-mail to examine the effects of prejudiced attitudes on discrimination against Arabs. *Journal of Experimental Social Psychology*, *40*, 753-759. doi: 10.1016/j. jesp.2004.02.001

Buss, D. M., Larsen, R. J., Westen, D., & Semmelroth, J. (1992). Sex differences in jealousy: evolution, physiology, and psychology. *Psychological Science*, *3*, 251-255.

Cambridge University Dictionary. Recuperado de http://dictionary.cambridge.org/dictionary/english/trust.

Ceobanu, A. M., & Escandell, X. (2008). East is West? National feelings and anti-immigrant sentiment in Europe. *Social Science Research*, *37*(4), 1147-1170.

Chaitin, E., Stiller, R., Jacobs, S., Hershl, J., Grogen, T., & Weinberg, J. (2003). Physician-patient relationship in the intensive care unit: erosion of the sacred trust? *Critical CareMedicine*, *31*, 367-372.

Chambers, J. R., & Melnyk, D. (2006). Why do I hate thee? Conflict mispercep-tions and intergroup mistrust. *Personality and Social Psychology Bulletin*, *32*(10), 1295-1311.doi: http://dx.doi.org/10.1177/0146167206289979

Chanley, V. (2002). Trust in government in the aftermath of 9/11: determinants and consequences. *Political Psychology*, *23*(3), 469-483. doi: http://dx.doi.org/10.1111/0162-895X.00294

Cheng, H., Bynner, J., Wiggins, R., & Schoon, I. (2012). The measurement and evaluation of social attitudes in two British cohort studies. *Social Research Council*, *107*, 351-371.

*CNN* (2015). ISIS claims responsibility of Paris attacks. Acesso em: 14 nov. 2015.

Cohen-Charash, Y., & Spector, P. E. (2001). The role of justice in organizations: a meta-analysis. *Organizational Behavior and Human Decision Processes*, *86*(2), 278-321. doi: 10.1006/obhd.2001.2958

Cohn, D. (1990). Child-mother attachment of six-year-olds and social competence at school. *Child Development*, *61*(1), 152-162. doi: 10.1111/1467-8624.ep9102040550

Collins, N. L., & Read, S. J. (1990). Adult attachment, working models, and relationship quality in dating couples. *Journal of Personality and Social Psychology*, *58*, 644-663.

Colonnesi, C., Wissink, I. B., Noom, M. J., Asscher, J. J. Hoeve, M., Stams, G. J. J. M., Polderman, N., & Kellaert-Knol, M. G. (2012). Basic trust: an attachment-oriented intervention based on mind--mindedness in adoptive families. *Research on Social Work Practice*, *23*(2), 179-188. doi: 10.1177/10497315 12469301

Combs, D. J. Y., & Keller, P. S. (2010). Politicians and trustworthiness: acting contrary to self-interest enhances trustworthiness. *Basic and Applied Social Psychology*, *32*, 328-339. doi: 10.1080/01973533.2010.519246

Cook, J., & Wall, T. D. (1980). New work attitude measures of trust, organizational commitment and personal need-nonfulfillment. *Journal of Occupational Psychology*, *53*, 39-52.

Cook, K. S., Yamagishi, T., Cheshire, C., Cooper, R., Matsuda, M., & Mashima, R. (2005). Trust building via risk taking: a cross-societal experiment. *Social Psychology Quarterly*, *68*(2), 121-142.

Corbacho, A., Philipp, J., & Ruiz-Vega, M. (2015). Crime and erosion of trust: evidence for Latin America. *World Development*, *70*, 400-415. doi: 10.1016/ j.worlddev.2014.04.013

Correll, J., Hudson, S. M., Guillermo, S., & Ma, D. S. (2014). The police officer's dilemma: a decade of research on racial bias in the decision to shoot. *Social and Personality Psychology Compass*, *8*, 201-213. doi: http://dx.doi.org/ 10.1111/spc3.12099.

Corriveau, K. H., Chen, E. E., & Harris, P. L. (2015). Judgments about fact and fiction by children from religious and nonreligious backgrounds. *Cognitive Science*, *39*(2), 353-382. doi: 10.1111/cogs.12138

Cozzolino, P. J. (2011). Trust, cooperation, and equality: a psychological analysis of the formation of social capital. *British Journal of Social Psychology*, *50*(2), 302-320. doi: 10.1348/014466610X519610

Crane, F. (1935). Citado em *Business Education World*, *15*, 172.

Crépeau, F., & Jimenez, E. (2004). Foreigners and the right to justice in the aftermath of 9/11. *International Journal of Law and Psychiatry*, *27*(6), 609-626. doi: http://dx.doi. org/10.1016/j.ijlp.2004.08.002

Crossman, A. M., & Lewis, M. (2006). Adults' ability to detect children's lying. *Behavioral Sciences and the Law*, *24*, 703-715. doi: 10.1002/ bsl.731

Degner, J., Essien, I., & Reichardt, R. (2016). Effects of diversity versus segregation on automatic approach and avoidance behavior towards own and other ethnic groups. *European Journal of Social Psychology*, *46*(6), 783-791. doi: 10.1002/ejsp.2234

DePaulo, B. M., Ansfield, M. E., Kirkendol, S. E., & Boden, J. M. (2004). Serious lies. *Basic and Applied Social Psychology*, *26*(2-3), 147-167. doi: http://dx.doi. org/10.1207/s15324834basp2602&3_4

DePaulo, B. M., & Kashy, D. A. (1998). Everyday lies in close and casual relationships. *Journal of Personality and Social Psychology*, *74*(1), 63-79. doi: http:// dx.doi.org/10.1037/0022-3514.74.1.63

DePaulo, B. M., Kashy, D. A., Kirkendol, S. E., Wyer, M. M., & Epstein, J. A. (1996). Lying in everyday life. *Journal of Personality and Social Psychology*, *70*, 979-995.

DePaulo, B. M., Lanier, K., & Davis, T. (1983). Detecting the deceit of the motivated liar. *Journal of Personality and Social Psychology*, *45*(5), 1096-1103. doi: http://dx.doi.org/10.1037/0022-3514.45.5.1096

DePaulo, B. M., Lindsay, J. L., Malone, B. E., Muhlenbruck, L., Charlton, K., & Cooper, H. (2003). Cues to deception. *Psychological Bulletin*, *129*, 74-118. doi: 10.1037/0033-2909.129.1.74.

Deutsch, M. (1958). Trust and suspicion. *Journal of Conflict Resolution*, *2*, 265-279.

Edelman, R. (2015, 2 nov.). *A crisis of trust: a warning to both business and government*. Recuperado de: www.theworldin.com/article/10508/crisis-trust?fsrc=scn%2Ffb%2Fte%2Fbl%2Fed%2Ftheworldin2016.

Erikson, E. H. (1963). *Childhood and society* (2a ed.). New York: Norton.

Fairburn, C. G., & Harrison, P. J. (2003). Eating disorders. *Lancet*, *361*(9355), 407-417.

Feeney, J. A., & Noller, P. (1990). Attachment style as a predictor of adult romantic relationships. *Journal of Personality and Social Psychology*, *58*, 281-291.

Ferrin, D. L., Bligh, M. C., & Kohles, J. C. (2008). It takes two to tango: an interdependence analysis of the spiralling of perceived trustworthiness and cooperation in interpersonal and intergroup relationships. *Organizational Behavior and Human Decision Processes*, *107*(2), 161-178. doi: http://dx.doi. org/10.1016/j.obhdp.2008.02.012

Fisher, J., van Heerde, J., & Tucker, A. (2010). Does one trust judgment fit all? Linking theory and empirics. *The British Journal of Politics and International Relations*, *12*, 161-188. doi: 10.1111/j. 1467-856X.2009.00401.x

Fitzgerald, C. J., & Wickwire, J. H. (2012). Religion and political affiliation's influence on trust and reciprocity among strangers. *Journal of Social, Evolutionary & Cultural Psychology*, *6*(2), 158-180.

Flanagan, C. A., & Stout, M. (2010). Developmental patterns of social trust between early and late adolescence: Age and school climate effects. *Journal of Research on Adolescence*, *20*(3), 748-773. doi: 10.1111/j.1532-7795. 2010.00658.x

Fletcher, G. J. O., Simpson, J. A., Thomas, G., & Giles, L. (1999). Ideals in intimate relationships. *Journal, of Personality and Social Psychology*, 76(4), 72-89. doi: http://dx.doi.org/10.1037/0022-3514.58.2.281

Franklin, K. M., Janoff-Bulman, R., & Roberts, J. E. (1990). Long-term impact of parental divorce on optimism and trust: changes in general assumptions or narrow beliefs? *Journal of Personality and Social Psychology*, *59*, 743-755. doi: http://dx.doi.org/10.1037/0022-3514.59.4.743

Fuertes, J. N., Toporovsky, A., Reyes, M., & Osborne, J. B. (2017, abr.). The physician-patient working alliance: theory, research, and future possibilities. *Patient Education and Counseling*, *100*(4), 610-615. doi: 10.1016/j.pec. 2016.10.018

Garen, J., & Clark, J. R. (2015). Trust and the growth of government. *CATO Journal*, *35*(3), 549-580.

Gervais, J., Tremblay, R. E., & Desmarais-Gervais, L. (2000). Children's persistent lying, gender differences, and disruptive behaviours: a longitudinal perspective. *International Journal of Behavioral Development*, *24*(2), 213-221. doi: 10.1080/016502500383340

Goldsmith, A. (2005). Police reform and the problem of trust. *Theoretical Criminology*, *9*, 443-470.

Granqvist, P., Mikulincer, M., Gewirtz, V., & Shaver, P. R. (2012). Experimental findings on God as an attachment figure: normative processes and moderating effects of internal working models. *Journal of Personality and Social Psychology*, *103*(5), 804-818. doi: 10.1037/a0029344

*Guardian News*. (2015). The counted police killings. Recuperado de www.theguardian.com/us-news/ng-interactive/2015/jun/01/the--counted-police-killings-us-database.

*Guardian News*. (2016). Police will be required to report officer-involved deaths under new US system. Recuperado de: www.theguardian.com/us-news/2016/aug/08/police-officer-related-deaths-department-of-justice.

Hafizi, S., Rosmarin, D. H. G., & Koenig, H. (2014). Brief trust/mistrust in God scale: psychometric properties of the Farsi version in Muslims. *Mental Health, Religion & Culture*, *17*(4), 415-420. doi: 10.1080/13674676.2013. 816942

Hall, K., & Brosnan, S. F. (2017). Cooperation and deception in primates. *Infant Behavior & Development*. Parte A, *48*, 38-44. doi: http://dx.doi.org/10.1016/j.infbeh.2016.11.007

Hamachek, D. (1990). Evaluating self-concept and ego status in Erikson's last three psychosocial stages. *Journal of Counseling and Development*, *68*(6), 677-683.

Hannon, P. A., Rusbult, C. E., Finkel, E. J., & Kamashiro, M. (2010). In the wake of betrayal, forgiveness, and the resolution of betrayal. *Personal Relationships*, *17*, 253-278. doi: 10.1111/j. 1475-6811.2010.01275.x

Harding, A. (2014, out.). *American's trust in doctors is failing*. Recuperado de www.livescience.com/48407-americans-trust-doctors-falling.html.

Harris, P. L. (2007). Trust. *Developmental Science*, *10*(1), 135-138. doi: 0.1111/j. 1467-7687.2007.00575.x

Hauch, V., Blandón-Gitlin, I., Masip, J., & Sporer, S. L. (2015). Are computers effective lie detectors? A meta-analysis of linguistic cues to deception. *Personality and Social Psychology Review*, *19*, 307-342. doi: 10.1177/ 1088868314556539

Hays, C., & Carver, L. (2014). Follow the liar: the effects of adult lies on children's honesty. *Developmental Science*, *17*(6), 977-983. doi: 10.1111/desc.12171

Hazen, C., & Shaver, P. (1987). Romantic love conceptualised as an attachment process. *Journal of Personality and Social Psychology*, *52*(3), 511-524.

Merriam-Webster dictionary. Recuperado de: www.merriam-webster.com/dictionary/trust.

Hetherington, M. J., & Rudolph, T. J. (2008). Priming, performance, and the dynamics of political trust. *Journal of Politics*, *70*, 498-512.

Hewstone, M. (2015). Consequences of diversity for social cohesion and prejudice: the missing dimension of intergroup contact. *Journal of Social Issues*, *71*(2), 417-438. doi: 10.1111/josi.12120

Hruby, A., & Hu, F. (2015). The epidemiology of obesity: a big Picture. *Pharmaco Economics*, *33*(7), 673-689. doi: 10.1007/s40273-014-0243-x

Isotalus, P., & Almonkari, M. (2014). Political scandal tests trust in politicians. *Nordicom Review*, *35*(2), 3-16. doi: 10.2478/nor-2014-0011

Ivković, S. K., Peacock, R., & Haberfeld, M. (2016). Does discipline fairness matter for the police code of silence? Answers from the US supervisors and line officers. *Policing: An International Journal of Police Strategies & Management*, *39*(2), 354-369. doi: http://dx.doi.org/10.1108/PIJPSM-10-2015-0120

James, E. L. (2011). *Fifty shades of grey*. New York: Vintage Books.

Jamison, G. D. (2011). Interpersonal trust in Latin America: analyzing variations in trust using data from the Latinobarómetro. *Journal of Multidisciplinary Research (1947-2900)*, *3*(3), 65-80.

Jensen, L., Arnett, J., Feldman, S., & Cauffman, E. (2004). The right to do wrong: lying to parents among adolescents and emerging adults. *Journal of Youth and Adolescence*, *33*(2), 101-112.

Jones, W. H., Chan, M. G., & Miller, C. E. (1991). Betrayal among children and adults. In K. J. Rotenberg (Ed.), *Children's interpersonal trust: sensitivity to lying, deception, and promise violations* (pp. 118-134). New York: Spring-Verlag.

Kääriäinen, J. T. (2007). Trust in the police in 16 European countries: a multilevel analysis. *European Journal of Criminology*, *4*(4), 409-435. doi: 10.1177/ 147737080720

Kashy, D. A., & DePaulo, B. M. (1996). Who lies? *Journal of Personality and Social Psychology*, *70*(5), 1037-1051.

Katz, W. (2015). Enhancing accountability and trust with independent investigations of police lethal force. *Harvard Law Review*, *128*(6), 235-245.

Keelan, J. P. R., Dion, K. L., & Dion, K. K. (1994). Attachment style and heterosexual relationships among young adults: a short-term panel study. *Journal of Social and Personal Relationships*, *11*(2), 201-214. doi: http://dx.doi.org/10.1177/0265407594112003

Kerns, K. A., Klepac, L., & Cole, A. K. (1996). Peer relationships and preadolescents' perceptions of security in the mother-child relationship. *Developmental Psychology*, *32*(3), 457-456. doi: http://dx.doi.org/10.1037/0012-1649.32.3.457

Kerr, M., Stattin, H., & Trost, K. (1999). To know you is to trust you: parents' trust is rooted in child disclosure of information. *Journal of Adolescence* *22*(6), 737-752. doi: http://dx.doi.org/10.1006/jado.1999.0266

Kirkpatrick, L. A. (1992). An attachment-theory approach to the psychology of religion. *The International Journal for the Psychology of Religion*, *2*, 3-28. doi: 10. 1207/s15327582ijpr0201_2

Kirkpatrick, L. A., & Davis, K. E. (1994). Attachment style, gender, and relationship stability: a longitudinal analysis. *Journal of Personality & Social Psychology*, *66*(3), 502-512. doi: 10.1037/0022-3514.66.3.502

Kolbert, E. (2016, 3 nov.). How can Americans trust Donald Trump? *The New Yorker*. Recuperado de www.newyorker.com/news/daily--comment/how-can-americans-trust-donald-trump.

Laughton-Brown, H. (2010). Trust in the therapeutic relationship: psychodynamic contributions to counselling psychology practice. *Counselling Psychology Review*, *25*, 12-17.

Lee, K. (2013). Little liars: development of verbal deception in children. *Child Development Perspectives*, 7, 91-96. doi: 10.1111/cdep.12023

Leigh, A. (2002). Explaining distrust: popular attitudes towards politicians in Australia and the United States. In D. Burchell & A. Leigh (Eds.), *The Prince's new clothes: Why do Australians dislike their politicians?* Sydney: UNSW Press.

Levine, E. E. & Schweitzer, M. E. (2014). Are liars ethical? On the tension between benevolence and honesty. *Journal of Experimental Social Psychology*, *53*, 107-117. doi: http://dx.doi.org/10.1016/j.jesp.2014.03.005

Lewis, M., Stanger, C., & Sullivan, M. W. (1989). Deception in 3-year--olds. *Developmental Psychology*, *25*, 439-443.

Lindskold, S. (1978). Trust development, the GRIT proposal, and the effects of conciliatory acts on conflict and cooperation. *Psychological Bulletin*, *85*(4), 772-793. doi: http://dx.doi.org/10.1037/0033-2909.85.4.772

Luchies, L. B., Wieselquist, J., Rusbult, C. E., Kumashiro, M., Eastwick, P. W., Coolsen, M. K., & Finlel, E. J. (2013). Trust and biased memory of transgressions in romantic relationships. *Journal of Personality & Social Psychology*, *104*(4), 673-694. doi: 10.1037/a0031054

MacDonald, J., & Stokes, R. J. (2006). Race, social capital, and trust in the police. *Urban Affairs Review*, *41*(3), 358-375. doi: 10.1177/1078087405281707

Malti, T., Averdijk, M., Ribeaud, D., Eisner, M. P., & Rotenberg, K. J. (2013). Children's trust and developmental trajectories of aggressive behavior in an ethnically diverse sample. *Journal of Abnormal Child Psychology*, *41*, 445-456.

Mark, K. P., Janssen, E., & Milhausen, R. R. (2011). Infidelity in heterosexual couples: demographic, interpersonal, and personality-related predictors of extradyadic sex. *Archives of Sexual Behavior*, *40*(5), 971-982. doi: 10.1007/ s10508-011-9771-z

Marschall, M. J., & Stolle, D. (2004). Race and the city: neighborhood context and the development of generalized Trust. *Political Behavior*, *26*(2), 125-153.

Marshall, T. C., Bejanyan, K., Di Castro, G., & Lee, R. A. (2013). Attachment styles as predictors of Facebook-related jealousy and surveillance in romantic relationships. *Personal Relationships*, *20*(1), 1-22. doi: 10.1111/j.1475-6811.2011.01393.x

Martin, A. (2010). Does political trust matter? Examining some of the implications of low levels of political trust in Australia. *Australian Journal of Political Science*, *45*, 705-712. doi: 10.1080/10361146.2010.517184

Mayer, R. C., & Davis, J. H. (1999). The effect of the performance appraisal system on trust for management: a field quasi-experiment. *Journal of Applied Psychol-ogy*, *84*(1), 123-136. doi: http://dx.doi.org/10.1037/0021-9010.84.1.123

Mayer, R. C., Davis, J. H., & Schoorman, D. F. (1995). An integration model of organizational trust. *Academic Management Review*, *20*, 709-735. doi: http://dx.doi.org/10.2307/258792

McEvily, B., Perrone, V., & Zaheer, A. (Eds.). (2003). Trust as an organizing principle. *Organization Science*, *14*, 91-103.

McNamara, J. D. (2012, 15 mar.). Trust in American police remains high: here's why. Apresentado em *50th Anniversary Law Enforcement Event*, San Francisco Bay Chapter, American Society of International Security, Foster City, CA.

Mekawi, Y., & Bresin, K. (2015). Is the evidence from racial bias shooting task studies a smoking gun? Results from a meta-analysis. *Journal of Experimental Social Psychology*, *61*, 120-130. doi: 10.1016/j.jesp.2015.08.002

Mikulincer, M. (1998). Attachment working models and the sense of trust: an exploration of interaction goals and affect regulation. *Journal of Personality and Social Psychology*, *74*, 1209-1224.

*Mirror News* (2016). Doctor conned out of £150,000 by fraudster she met online forced to sell home amid staggering debts. Recuperado de www.mirror.co.uk/tv/tv-news/doctor-conned-out-150000-fraudster-8537144.

Misztal, B. A. (1996). *Trust in modern societies*. Cambridge: Polity Press.

Moltmann, J. (2006). Control is good – trust is better. *Theology Today*, *62*(4), 465-475.

Montague, P. R., King-Casas, B., & Cohen, T. D. (2006). Imagining valuation models in human choice. *Annual Review of Neuroscience*, *29*, 417-448. doi: 10.11416//neuro.29.051605.11903.

Murray, S. L., & Holmes, J. G. (2009). The architecture of interdependent minds: a motivation-management theory of mutual responsiveness. *Psychological Review*, *116*(4), 908-928. doi: 10.1037/a0017015

Northrup, C., Schwartz, P., & Witte, J. (2013). *The normal bar*. New York: Harmony.

Nummela, O., Raivio, R., & Uutela, A. (2012). Trust, self-rated health and mortality: a longitudinal study among ageing people in Southern Finland. *Social Science & Medicine*, *74*(10), 1639-1643. Doi: http://dx.doi. org/10.1016/j.socscimed.2012.02.010

O'Hara, K. (2004). *Trust: from Socrates to Spin*. Duxford, Cambridge: Cambridge University Press.

Olson, D., & Miao, L. (2015). Does a nation's religious composition affect generalized trust? The role of religious heterogeneity and the percent religious. *Journal for the Scientific Study of Religion*, *54*(4), 756-773. doi: 10.1111/ jssr.12231

Ortega, A., Brenner, S., & Leather, P. (2007). Occupational stress, coping and personality in the police: an SEM study. *International Journal of Police Science & Management*, *9*, 36-50.

Osgood, C. E. (1962). *An alternative to war or surrender*. Urbana, IL: University of Illinois Press.

Paillé, P., Bourdeau, L., & Galois, I. (2010). Support, trust, satisfaction, intent to leave and citizenship at organizational level: a social exchange approach. *International Journal of Organizational Analysis*, *18*, 41-45. doi: http://dx.doi. org/10.1108/19348831011033203

Papadopoulos, S., & Brennan, L. (2015). Correlates of weight stigma in adults with overweight and obesity: a systematic literature review. *Obesity*, *23*(9), 1743-1760. doi: http://dx.doi.org/10.1002/oby.21187

Perrin, A. J., & Smolek, S. (2009). Who trusts? Race, gender and the September 11 rally effect among young adults. *Social Science Research*, *38*(1), 134- 145. doi: 10.1016/j.ssresearch.2008.09.001

Peterson, C. C., Peterson, J. L., & Seeto, D. (1983). Developmental changes in ideas about lying. *Child Development*, *54*, 1529-1535. doi: 10.1111/1467-8624.ep12418537

Pettigrew, T. F. (1998). Intergroup contact theory. *Annual Review of Psychology*, *49*(1), 65-85.

Piaget, J. (1965). *The moral judgment of the child* (M. Gabain, Trad.). Glencoe, IL: Free Press. (Obra original publicada em 1932)

Pilgrim, D., Tomasini, F., & Vassilev, I. (2010). *Examining trust in healthcare: a multidisciplinary perspective*. London: Palgrave Macmillan.

Porter, L. E., & Warrender, C. (2009). A multivariate model of police deviance: examining the nature of corruption, crime, and misconduct. *Policing & Society*, *19*, 79-99.

Prall, D. (2014, 22 dez.). Americans' trust in police average for developed countries. *American City & County Exclusive Insight*. Recuperado de http://americancityandcounty.com/law-enforcement/americans-trust-police-average-developed-countries.

Qualter, P., Brown, S. L., Rotenberg, K. J., Vanhalst, J., Harris, R. A., Goossens, L., Bangee, M., & Munn, P. (2013). Trajectories of loneliness during childhood and adolescence: predictors and health outcomes. *Journal of Adolescence: Special Issue on Loneliness*, *36*, 1283-1293. doi: http://dx.doi.org/10.1016/ j.adolescence.2013.01.005

Reifman, A., Villa, L. C., Amans, J. A., Rethinam, V., & Telesca, T. Y. (2001). Children of divorce in the 1990s: a meta-analysis. *Journal of Divorce and Remarriage*, *36*, 27-36. doi: http://dx.doi.org/10.1300/J087v36n01_02

Rempel, J. K., Holmes, J. G., & Zanna, M. P. (1985). Trust in close relationships. *Journal of Personality and Social Psychology*, *49*(1), 95-112.

Rempel, J. K., Ross, M., & Holmes, J. G. (2001). Trust and communicated attributions in close relationships. *Journal of Personality & Social Psychology*, *81*(1), 57-64. doi: 10.1037//0022-3514.81.1.57.

Rosmarin, D. H., Krumrei, E. J., & Andersson, G. (2009). Religion as a predictor of psychological distress in two religious communities. *Cognitive Behaviour Therapy*, *38*, 54-64. doi: 10.1080/16506070802477222

Rosmarin, D. H., Pargament, K. I., & Mahoney, A. (2009). The role of religiousness in anxiety, depression and happiness in a Jewish community sample: a preliminary investigation. *Mental Health Religion and Culture*, *12*(2), 97-113. doi: 10.1080/13674670802321933

Rosmarin, D. H., Pargament, K. I., Pirutinsky, S., & Mahoney, A. (2010). A randomized controlled evaluation of a spiritually integrated treatment for subclinical anxiety in the Jewish community, delivered via the Internet. *Journal of Anxiety Disorders*, *24*(7), 799-808. doi: 10.1016/j.janxdis.2010. 05.014

Rosmarin, D. H., Pargament, K. I., & Robb, H. (2010). Introduction to special series: spiritual and religious issues in behavior change. *Cognitive and Behavioral Practice*, *17*(4), 343-347. doi: http://dx.doi.org/10.1016/j.cbpra. 2009.02.007

Rosmarin, D. H., Pirutinsky, S., & Pargament, K. I. (2011). A brief measure of core religious beliefs for use in psychiatric settings. *International Journal of Psychiatry in Medicine*, *41*(3), 253-261. doi: http://dx.doi.org/10.2190/ PM.41.3.d

Rostila, M. (2010). The facets of social capital. *Journal for the Theory of Social Behaviour*, *41*(3), 307-327.

Rotenberg, K. J. (1991). Children's cue use and strategies for detecting deception. In K. J. Rotenberg (Ed.), *Children's interpersonal trust: sensitivity to lying, deception and promise violations* (pp. 43-57). New York: Springer-Verlag.

Rotenberg, K. J. (1995). The socialisation of trust: parents' and children's interpersonal trust. *International Journal of Behavioral Development*, *18*, 713-726.

Rotenberg, K. J. (2010). The conceptualization of interpersonal trust: a basis, domain, and target framework. In K. J. Rotenberg (Ed.), *Interpersonal trust during childhood and adolescence* (pp. 8-27). New York: Cambridge University Press.

Rotenberg, K. J. (2015). Trust across the life-span. In N. J. Smelser & P. B. Baltes (Eds.), *International encyclopedia of the social & behavioral sciences* (pp. 866-868). New York: Pergamon.

Rotenberg, K. J. (2016, 13 jun.). The EU referendum: It is a matter of trust. *Conversations*.

Rotenberg, K. J., Addis, N., Betts, L. R., Fox, C., Hobson, Z., Rennison, S., Trueman, M., & Boulton, M. J. (2010). The relation between trust beliefs and loneliness during early childhood, middle childhood and adulthood. *Personality and Psychosocial Psychology Bulletin*, *36*, 1086-1100. doi: http://dx.doi. org/10.1177/0146167210374957

Rotenberg, K. J., Betts, L. R., Eisner, M., & Ribeaud, D. (2012). Social antecedents of children's trustworthiness. *Infant and Child Development*, *21*, 310-322. doi: 10.1002/icd.751

Rotenberg, K. J., Bharathi, C., Davies, H., & Finch, T. (2013). Bulimic symptoms and the social withdrawal syndrome. *Eating Behaviors*, *14*(3), 281-284. doi: http://dx.doi.org/10.1016/j.eatbeh.2013.05.003

Rotenberg, K. J., Bharathi, C., Davies, H., & Finch, T. (2017). Obesity and the social withdrawal syndrome. *Eating Behaviors*, *26*, 167-170. doi: org/ 10.1016/j.eatbeh.2017.03.006

Rotenberg, K. J., & Bierbrauer, T. (em preparação). Development of a new trust in politicians scale: its relationship with voting in the UK.

Rotenberg, K. J., Boulton, M. J., & Fox, C. (2005). Cross-sectional and longitudinal relations among trust beliefs, psychological maladjustment, and psychosocial relationships, during childhood: are very high as well as very low trusting children at risk? *Journal of Abnormal Child Psychology*, *33*, 595-610. doi: http://dx.doi.org/10.1007/s10802-005-6740-9

Rotenberg, K. J., & Cerda, C. (1994). Racially based trust expectancies of Native American and Caucasian children. *Journal of Social Psychology*, *134*, 621-631.

Rotenberg, K. J., Cunningham, J., Hayton, N., Hutson, L., Jones, L., Marks, C. Woods, E., & Betts, L. R. (2008). Development of a children's trust in general physicians scale. *Child: Health, Care and Development*, *34*, 748-756. doi: 10.1111/j.1365-2214.2008.00872.x

Rotenberg, K. J., Fox, C., Green, S., Ruderman, L., Slater, K., Stevens, K., & Carlo, G. (2005). Construction and validation of a children's interpersonal trust belief scale. *British Journal of Developmental Psychology*, *23*, 271-292. doi: 10.1348/026151005X26192

Rotenberg, K. J., Harrison, A., & Reeves, C. (2016). The relations between police officers' personal trust beliefs in the police and their workplace adjustment. *Policing and Society*, *26*, 627-641. doi: 10.1080/10439463.2014.100 0324.

Rotenberg, K. J., Petrocchi, S., Lecciso, F., & Marchetti, A. (2013). Children's trust beliefs and trusting behavior. *Child Development Research*, ID: 806597.

Rotenberg, K. J., Qualter, P., Barrett, L., & Henzi, P. (2014). When trust fails: children's trust beliefs in peers and peer interactions in a natural setting. *Journal of Abnormal Child Psychology*, *42*, 967-980. doi: http://dx.doi. org/10.1007/s10802-013-9835-8

Rotenberg, K. J., & Sangha, R. (2015). Bulimic symptoms and social withdrawal during early adolescence. *Eating Behaviors*, *19*, 177-180. doi: http://dx.doi. org/10.1016/j.eatbeh.2015.09.008

Rotenberg, K. J., Woods, E., & Betts, L. R. (2015). Development of a scale to assess children's trust in general nurses. *Journal of Specialists in Pediatric Nursing*, *20*(4), 298-303. doi: 10.1111/jspn.12126

Rotter, J. B. (1967). A new scale for the measurement of interpersonal trust. *Journal of Personality*, *35*, 651-665.

Rotter, J. B. (1980). Interpersonal trust, trustworthiness and gullibility. *American Psychologist*, *35*, 1-7. doi: http://dx.doi.org/10.1037/0003-066X.35.1.1

Saha, S., Jacobs, E. A., Moore, R. D., & Beach, M. C. (2010). Trust in physicians and racial disparities in HIV care. *AIDS Patient Care and STDs*, *24*(7), 415-420. doi: 10.1089/apc.2009.0288

Schiffman, L., Thelen, S. T., & Sherman, E. (2010). Interpersonal and political trust: modeling levels of citizens' trust. *European Journal of Marketing*, *44*(3/4), 369-381. doi: 10.1108/03090561011020471

Schneider, B. H., Atkinson, L., & Tardif, C. (2001). Child-parent attachment and children's peer relations: a quantitative review. *Developmental Psychology*, *37*(1), 86-100. doi: http://dx.doi.org/10.1037/0012-1649.37.1.86

Schneider, I. K., Konijn, E. A., Righetti, F., & Rusbult, C. E. (2011). A healthy dose of trust: the relationship between interpersonal trust and health. *Personal Relationships*, *18*(4), 668-676. doi: 10.1111/j. 1475-6811.2010.01338.x

Schoorman, F. D., Mayer, R. C., & Davis, J. H. (2007). An integrative model of organizational trust: past, present, and future. *The Academy of Management Review*, *32*(2), 344-354. doi: http://dx.doi.org/10.2307/20159304

Semukhina, O., & Reynolds, K. M. (2014). Russian citizens' perceptions of corruption and trust of the police. *Policing & Society*, *24*(2), 158-188. doi: 10.1080/10439463.2013.784290

Serota, K. B., Levine, T. R., & Boster, F. J. (2010). The prevalence of lying in America: three studies of self-reported lies. *Human Communication Research*, *36*, 2-25. doi: 10.1111/j.1468-2958.2009.01366.x

Shackelford, T. K., Buss, D. M., & Bennett, K. (2002). Forgiveness or breakup: sex differences in responses to a partner's infidelity. *Cognition & Emotion*, *16*(2), 299-307. doi: 10.1080/02699930143000202

Shallcross, S. I., & Simpson, J. (2012). Trust and responsiveness in strain--test situations: a dyadic process. *Journal of Personality and Social Psychology*, *102*(5), 1031-1044. doi: 10.1037/a0026829

Shiri, E., & Bruce, M. H. (2008). Tell-tale eyes: children's attribution of gaze aversion as a lying cue. *Developmental Psychology*, *44*(6), 1655-1667. doi: 10.1037/a0013299

Sholihin, M., & Pike, R. (2010). Organisational commitment in the police service: exploring the effects of performance measures, procedural justice and interpersonal trust. *Financial Accountability & Management*, *26*, 392-342.

Skocpol, T. (2002). Will 9/11 and the war on terror revitalize American civic democracy. *PS: Political Science and Politics*, *35*, 537-540.

Slack, J. (2016, October 6). *Britain 'is suffering a huge loss of faith in its institutions'*. Recuperado de: www.dailymail.co.uk/news/article-2296085.

Smith, B., & Steel, C. (2009). 'Suspicion is my friend': cognitive behavioural therapy for post-traumatic persecutory delusions. In N.

Grey (Ed.), *A case-book of cognitive therapy for traumatic stress reactions* (pp. 61-77). New York: Routledge/Taylor & Francis Group.

Stice, E., Marti, N., & Rohde, P. (2013). Prevalence, incidence, impairment, and course of the proposed DSM-5 eating disorder diagnoses in an 8-year prospective community study of young women. *Journal of Abnormal Psychol-ogy*, *122*(2), 445-457. doi: http://dx.doi.org/10.1037/a0030679

Sun, Y., & Li, Y. (2002). Children's well-being during parents' marital disruption process: a pooled time-series analysis. *Journal of Marriage and Family*, *64*, 472-488.

Sunshine, J., & Tyler, T. R. (2003). The role of procedural justice and legitimacy in shaping public support for policing. *Law and Society Review*, *17*, 513-547.

Swami, V., Chamorro-Premuzic, T., & Furnham, A. (2010). Unanswered questions: a preliminary investigation of personality and individual difference predictors of 9/11 conspiracist beliefs. *Applied Cognitive Psychology*, *24*(6), 749-761. doi: 10.1002/acp.1583

Tajfel, H. (1981). *Human groups and social categories: studies in social psychology*. Cambridge, MA: Cambridge University Press.

Talwar, V., & Crossman, A. (2011). From little white lies to filthy liars: the evolution of honesty and deception in young children. *Advances in Child Development & Behavior*, *40*, 139 179.

Talwar, V., & Lee, K. (2008). Social and cognitive correlates of children's lying behavior. *Child Development*, *79*(4), 866-888. doi: 10.1111/j.1467-86 24.2008.01164.x

Tam, T., Hewstone, M., Kenworthy, J., & Cairns, E. (2009). Intergroup trust in Northern Ireland. *Personality & Social Psychology Bulletin*, *35*(1), 45-59. doi: http://dx.doi.org/10.1177/0146167208325004

Tan, H. H., & Lim, A. H. (2009). Trust in coworkers and trust in organizations. *The Journal of Psychology*, *143*(1), 45-66.

Thom, D. H., Kravitz, R. L., Bell, R. A., Krupat, E., & Azari, R. (2002). Patient trust in the physician: relationship to patient requests. *Family Practice*, *19*(5), 476-483.

Thom, D. H., Ribisl, K. M., Stewart, A. L., Luke, D. A., & The Stanford Trust Study Physicians. (1999). Further validation and reliability testing of the trust in physician scale. *Medical Care*, *37*(5), 510-517.

Thompson, M., & Kahn, K. B. (2016). Mental health, race, and police contact: intersections of risk and trust in the police. *Policing: An International Journal*, *39*(4), 807-819. doi: 10.1108/PIJPSM-02-2016-0015

Thorne, B. (2007). Person-centred therapy. In W. Dryden (Ed.), *Dryden's handbook of individual therapy* (5a ed., pp. 144-172). Thousand Oaks, CA: Sage Publications.

Trinkner, R., Tyler, T. R., & Goff, P. A. (2016). Justice from within: the relations between a procedurally just organizational climate and police organizational efficiency, endorsement of democratic policing, and officer well-being. *Psychology, Public Policy, and Law*, *22*(2), 158-172. doi: 10.1177/174 8895814566288

Turner, J. C., Hogg, M. A., Oakes, P. J., Reicher, S. D., & Wetherell, M. S. (1987). *Rediscovering the social group: a self-categorization theory*. Cambridge, MA: Basil Blackwell.

Turner, R. H., Hewstone, M., Swart, H., Tam, T., Myers, E., & Tausch, N. (2010). Promoting intergroup trust among adolescents and among adults. In K. J. Rotenberg (Ed.), *Interpersonal trust during childhood and adolescence* (pp. 295-321). Cambridge: Cambridge University Press.

Turner, R. N., Tam, T., Hewstone, M., Kenworthy, J., & Cairns, E. (2013). Contact between Catholic and Protestant schoolchildren in Northern Ireland. *Journal of Applied Social Psychology*, *43*(Supl. 2), E216-E228. doi: http://dx.doi. org/10.1111/jasp.12018

Tyler, T. R. (2001). Public trust and confidence in legal authorities: what do majority and minority group members want from the law and legal institutions? *Behavioral Sciences & the Law*, *19*(2), 215-235. doi: http://dx.doi. org/10.1002/bsl.438

Tyler, T. R. (2015). Why trust matters with juveniles. *American Journal of Orthopsychiatry*, *85*(6, Supl.), 93-99.

Tyler, T. R., & Huo, Y. J. (2002). *Trust in the law: encouraging public cooperation with the police and courts*. New York: Russell Sage Foundation.

Uslander, E. M. (2002). *The moral foundations of trust*. Cambridge: Cambridge University Press.

*Video of black man shoot by police*. (2016). Recuperado de: www.theguardian.com/us-news/2016/jul/07/facebook-live-video-appears-to-show-black-man-shot-police-minnesota-philando-castile; www.washingtonpost.com/graphics/national/police-shootings-2016/.

Voci, A. (2006). The link between identification and in-group favouritism: effects of threat to social identity and trust-related emotions. *British Journal of Social Psychology*, *45*(2), 265-284. doi: 10.1348/014466605X52245

Walia, A. (2015, 23 maio). Editor in chief of world's best known medical journal: half of all the literature is false. *Global Research*. Recuperado de www.global research.ca /5451305.

Ward, P. R., Mamerow, L., & Meyer, S. B. (2014). Interpersonal trust across six Asia-pacific countries: testing and extending the 'High Trust Society' and 'Low Trust Society' theory. *Plos One*, *9*(4),1-17. doi: 10.1371/journal. pone.0095555

Warneken, F., & Orlins, E. (2015). Children tell white lies to make others feel better. *British Journal of Developmental Psychology*, *33*(3), 259-270. doi: 10.1111/ bjdp.12083.

Warren, M. E. (Ed.). (1999). *Democracy and trust*. New York/Cambridge: Cambridge University Press.

Warren, M. E. (2004). What does corruption mean in a democracy? *American Journal of Political Science*, *48*(2), 328-343.

Waters, E., & Deane, K. (1985). Defining and assessing individual differences in attachment relationships: Q-methodology and organization of behaviour in infancy and early childhood. *Monographs of the Society for Research in Child Development*, *50*(1/2), 41-65.

Westermarland, L. (2005). Police ethics and integrity: breaking the blue code of silence. *Policing & Society*, *15*, 145-165.

Williams, K. (2010). Police violence, resistance, crisis of legitmacy: politics of Killer Cops and Cop Killers. *Against the Current*, 25-29.

Woods, J. (2011). The 9/11 effect: toward a social science of the terrorist threat. *The Social Science Journal*, *48*(1), 1-21.

Xu, F. Bao, X., Fu, G., Bao, X., Fu. G., Talwar, V., & Lee, K. (2010). Lying and truth-telling in children: from concept to action. *Child Development*, *81*(2), 581-596. http://dx.doi.org/10.1111/j.1467-8624.2009.01417.x

Yan, L. L., Daviglus, M. L., Liu, K., Pirzada, A., Garside, D. B., Schiffer, L., Dyer, A. R., & Greenland, P. (2004). BMI and health-related quality of life in adults 65 years and older. *Obesity Research*, *12*(1), 69-76.

Zizumbo-Colunga, D., Zechmeister, E. J., & Seligso, M. A. (2010). Social capital and economic crisis in the United States. *Americas Barometer Insights*, *43*, Vanderbilt University. Recuperado de www.vanderbilt.edu/lapop/ insights/I0843en.pdf.

**GRÁFICA PAYM**
Tel. [11] 4392-3344
paym@graficapaym.com.br